성소수자 지지자를 위한
동료 시민 안내서

성소수자 지지자를 위한 동료 시민 안내서

THE SAVVY ALLY

A Guide for Becoming a Skilled LGBTQ+ Advocate

지니 게인스버그 지음　　허원 옮김　　　　　현암사

나보다도 먼저 내 안의 교육자로서의 자질을
발견하고 신뢰해준 스콧 피어링에게 바칩니다.

프롤로그

시간이 다 해결해준다고들 하지만,

사실 모든 것은 우리 스스로 바꿔야 한다.

—앤디 워홀

마흔 번째 생일에 남편에게 선물받은 책 한 권이 내 삶을 바꿔놓았
다. 그때까지 나는 LGBTQ+[1]에 대한 형평성이나 포용력에 긍정적
인 입장이긴 했지만 더욱 포용력 있는 세상을 만드는 데 딱히 도움
이 되는 일을 하지는 않았다. 2003년 2월에 그 책을 읽고 동기부여
가 된 나는 LGBTQ+ 공동체의 앨라이[2]로서 활동에 뛰어들었다. 그
책을 읽기 전과 읽는 동안, 그리고 읽고 난 후의 내 삶에 대해, 또 이
책을 쓰게 된 이유를 간단히 이야기해보겠다.

　나는 뉴저지에서 자랐는데, 당시 친구나 가족 중에 LGBTQ+로
커밍아웃한 사람은 아무도 없었다. 나중에서야 그중에 LGBTQ+ 친

1　'LGBTQ+'의 정의는 2장에서 자세히 다룬다. 궁금하면 지금 바로 살펴보고 와도 좋다.
2　'ally'의 정의는 1장에 나온다. 도움이 될 것 같으면 미리 살펴보시라.

구들이 엄청나게 많았다는 사실을 알게 되었지만, 적어도 그때의 나는 몰랐던 거다. 그렇지만 확실하게 커밍아웃한 성소수자는 별로 없었어도 어린 시절 우리 집에서 '게이'라는 단어는 금기어도 나쁜 말도 아니었다.

열 살 무렵, 맨해튼에 있는 '세런디퍼티'라는 레스토랑에 갔을 때 엄마가 테이블 위로 몸을 기울이며 내게 이렇게 속삭였다. "여기 있는 웨이터들 전부 게이인 거 눈치 챘니?" 내가 얻은 결론은 이러했다. 게이 남성은 상냥하고, 깔끔하고, 공손하며, 아주 맛있는 음식을 가져다주는 사람들이구나. 그들은 분명히 우월한 인간 종이었다.

열네 살 무렵, 나는 시트콤 〈소프Soap〉의 열혈 팬이었다. 빌리 크리스털이 '조디'라는 똑똑하고 쾌활한 게이로 나와 인기를 휩쓸었는데, 조디는 텔레비전에 등장한 최초의 자긍심 넘치는 LGBTQ+ 캐릭터였다.

몇 년 전 나는 유년기 환경 덕분에 내가 관용적인 아이로 자랐다는 증거를 발견했다. 어릴 적 쓰던 책상을 치우면서 8학년(대략 1977년경) 과학 수업 시간에 단짝 친구와 주고받은 쪽지를 찾아냈는데 거기엔 동성애자들에 대해 나눈 이야기가 적혀 있었다. 친구는 동성애자들이 "역겹다"고 썼고, 나는 단호히 반박했다. "야, 정신 차려! 사람마다 살아가는 방식은 다 달라!"

1970년대에 10대 초반이던 내가 동성애자에 대해 굉장히 쿨한 태도를 갖고 있었다는 증거를 찾은 것은 뛸 듯이 기뻤지만, 그 시점에 내가 앨라이가 아니었음은 분명하다. 10대였던 나는 많은 사람들에게 사랑받는 이에 대해 왜 화를 내고들 그러는지 이해할 수 없었지만, 그렇다고 내가 사회의 포용력, 이해력, 수용력을 높이기 위해 한 일은 아무것도 없었다. 나는 '앨라이'라는 말을 몰랐을 뿐 아니라 LGBTQ+ 공동체에 연고가 없는 사람으로서 그들을 지지하는 역할이 있을 수 있다는 사실도 몰랐다. 싹트던 내 열정과 앨라이로서의 노력은 그 이후 사반세기 동안 잠자고 있었다.

내가 마흔 살이 되던 무렵 LGBTQ+ 공동체와 관련한 온갖 행사들이 움터 나오고 있었다. 미디어에서는 결혼평등권이 새롭게 논의되기 시작했다. 제임스 데일이 미국보이스카우트연맹을 상대로 제기한 소송에서 져, 보이스카우트연맹은 동성애자 지도자에 대한 차별을 합법적으로 계속할 수 있게 되었다.[1] 내 아이들이 학교에 다니기 시작하면서 나는 초등학생들 사이에서 동성애자 비방이 여전히 극심하다는 사실에 낙담했다.

그러던 어느 날 밤 나는 침대에 누워 남편이 선물한 책 『우리 자신만을 위한 일은 아니다*Not for Ourselves Alone*』[2]를 읽고 있었다. 켄 번스가 연출한 동명의 다큐멘터리 영화와 연계해 출간된 책으로, 미국 여성 참정권 투쟁에 관한 내용이었다. 나는 나보다 앞서 내 투표권

---

1 [옮긴이] LGBTQ+ 청소년을 위한 활동가이자 미국보이스카우트연맹 73대의 지도자였던 제임스 데일(James Dale)이 1990년 지역 신문과의 인터뷰에서 자신이 동성애자임을 밝히자 스카우트 지도자 직위를 박탈당했다. 데일은 이에 미국보이스카우스연맹을 상대로 소송을 제기했고, 2000년 대법원은 보이스카우트연맹의 손을 들었다. 2015년 연맹은 동성애자 지도자 선임 금지 조항을 삭제했다.

2 [옮긴이] 여성 참정권 운동, 노예제 폐지 운동 등에서 활약했던 미국 여성운동가인 수전 B. 앤서니(Susan B. Anthony, 1820~1906)와 엘리자베스 케이디 스탠턴(Elizabeth Cady Stanton, 1815~1902)의 운동과 삶에 관한 책이다. 스탠턴은 1848년 세네카폴즈에서 여성 권리 집회를 개최한 주요 멤버이며, 앤서니와 함께 1868년 주간지 《레볼루션(The Revolution)》을 창간했다.

을 위해 싸워준 위대한 여성들에게 경외감과 감사의 마음이 들었고, 이 책에 무척 감명을 받았다. 역사책을 읽을 때의 내 버릇대로 내가 그 시대를 산다고 가정하고 나라면 어떻게 행동했을지 상상해보았더니, 나도 수전 B. 앤서니와 엘리자베스 케이디 스탠턴과 함께 싸웠을 거라는 확신이 들었다.

그러다 문득 내가 참 위선적이라는 생각이 들었다. 지금 내가 사는 시대, 바로 이 순간에도 사회정의 투쟁은 진행 중인데 나는 가만히 앉아서 100년도 더 전에 내가 어떻게 행동했을지 상상하며 낭만화나 하고 있었던 거다! 그 자각은 이런 생각으로 이어졌다. '언젠가 내 손주들이 할머니는 성소수자 인권을 위한 투쟁에 함께했느냐고 묻는다면 나는 뭐라고 이야기하게 될까? 내가 생의 끝에 이르러 삶을 되돌아볼 때 전보다는 더 나은 세상을 뒤로하게 될까? 일상에 치여 산다고 더는 큰 그림을 못 보게 된 걸까?'

다음 날 아침 나는 전화번호부에서 '동성애자'라는 단어를 검색했고(그렇다, 실제로 그랬다), 우리 지역의 LGBTQ+ 센터에 전화를 걸어 자원 활동을 할 수 있는지 물었다. 그렇게 나는 사무국에서 전화 응대를 하고 연사로 훈련받으면서 자원 활동을 시작했다. 나는 LGBTQ+에 관해 거의 아무것도 몰랐고, 잘못된 어휘 선택과 지레짐작으로 일을 자주 그르쳤다. 센터의 상근 및 자원 활동가들은 매우 친절하고 인내심 있었으며 내 실수에 너그러웠다. 그렇지만 어떤 말을 해야 하고 어떤 말은 하면 안 되는지에 관한, 우리가 함께 살아가는 데 더 나은 세상을 만들기 위해 실생활에서 할 수 있는 일에 관한 구체적인 팁을 담은 가이드북이 있었으면 좋겠다고 생각했다. 당시 그런 책은 없었다.

나는 3년간 그 센터에서 자원 활동을 했다. 그 시기에 나는 사회정의의 관점에서 '앨라이'라는 말을 배웠다. 그때부터 나는 LGBTQ+ 운동 내에서 정체성을 갖게 되었고, 그건 내가 맡을 역할이 있고 내가 활동할 장소가 있다는 뜻이었다! 나는 앨라이로서의 내 목소리가 매우 중요하다는 말을 반복해서 들었다. 내가 새롭게 뛰어든 자원 활동은 진정 삶을 바꾸는 종류의 것이었다. 그 일 덕분에 나는 직업인으로서의 적극적인 앨라이가 되었다.

2006년 나는 센터의 교육 및 지원 활동 코디네이터로 고용되었다. 2013년부터 5년간은 교육 총괄책임자를 맡았다. 그날의 첫 번째 전화 한 통 이후로 나는 살면서 볼 수 있는 가장 멋진 사람들을 만났고, LGBTQ+ 공동체와 나 자신에 관해 많은 것을 배웠으며, 두 팔 벌려 나를 받아준 사람들에게 내가 많은 선물을 되돌려줄 수 있음을 이해하게 되었다.

이 책은 내가 앨라이로서의 일을 처음 시작했을 때 원하고 필요로 했던, 바로 그런 책이다. 내가 지금 다른 이들을 위해 가이드를 제공할 수 있게 된 것은 나를 격려하고, 교육하고, 지원해준 많은 사람들 덕분임에 감사하고 또 감사한다.

(1장) 시작하기

세상을 더 나은 곳으로 만들기 위해

누구도 단 한 순간도 머뭇거릴 필요가 없다.

이 얼마나 멋진 일인가.

—안네 프랑크

감사합니다

이 책을 진심 어린 감사로 시작하려 한다. 세상에는 더 많은 앨라이가 필요하다. 여러분이 이미 LGBTQ+ 공동체의 앨라이가 되는 데 열정적이어서 현재 관련 활동을 하고 있든 그저 앨라이에 관해 조금 궁금할 뿐이든, 이 책을 집어들어주어 고맙고, 더욱 공정하고 안전하고 포용력 있는 세상을 만드는 데 관심 가져주어 감사하다.

이 책에 이런 걸 기대해도 좋아요

이 책은 어떻게 하면 성소수자와 함께 살아가는 동료 시민으로서 앨라이가 될 수 있는지에 관한 것이지, 왜 앨라이가 되어야 하는지에 관한 것이 아니다. LGBTQ+로 이 세상을 살아가는 현실이라든지 LGBTQ+ 차별의 역사, 앨라이가 중요한 이유 등을 조명한 많은 훌륭한 책과 영화, 영상, 블로그 등이 있다. 그것들은 LGBTQ+가 아닌 이들이 참여할 수 있도록 동기부여하는 목적에서 만들어진다. 이 책에는 그런 목적이 없다. 나는 여러분이 세상은 지금보다 더 성소수자에 포용적이어야 한다는 생각을 이미 공유하고 있으며 어떻게 하면 자신이 그 일을 도울 수 있을지 알고 싶어 이 책을 집어들었기를 바란다.

이 책은 내가 지난 15년간 발견한, LGBTQ+ 공동체의 앨라이가 되는 데 가장 유용하다고 생각되는 도구들과 기술들을 한데 모은 것이다. 존중을 기반으로 한 효과적인 대화를 하기 위한 조언, 앨라이들이 실수하거나 난관에 봉착하기 쉬운 지점들, LGBTQ+에 포용적인 공간을 만들기 위한 가장 좋은 실천 방법 등을 담고 있다. 책은 각각 다음을 주제로 한 네 개의 파트로 나뉘어 있다. (1) 앨라이로서의 식견 쌓기, (2) 존중을 기반으로 대화하는 기술, (3) LGBTQ+에 포용적인 공간을 만들기 위한 행동들, (4) 책임 있는 앨라이 되기. 이 책의 목표는 더욱 활동적이며 스스로를 온당하게 대하는 앨라이, 격정적으로 행동을 촉발해 이내 소진되고 환멸에 빠지는 게 아니라 앨라이로서의 활동을 지속 가능한 일상의 일부로 만드는 방법을 찾는 앨라이들을 길러내는 것이다. 이 책은 종종 혼란스럽고 위축되기 쉬운 정체성과 용어의 세계를 항해하는 데 도움을 주고, 우리의 말과 행동으로 긍정적인 변화를 이끌어내기 위한 방법들을 제시할 것이다. 생각보다 그렇게 엄청난 일은 아니다. 여러분이 손에 쥔 이 책을 믿어보시길.

앨라이를 넓게 정의하기

'앨라이'는 특정 소수자 집단에 당사자로서 속하지는 않지만 그 집단 사람들의 권리를 옹호하고 지지하는 사람을 뜻한다. 전형적으로 LGBTQ+ 옹호의 맥락에서 '앨라이'라고 하면, 우리는 이성애자이면서 트랜스젠더가 아닌 사람만을 떠올린다. 그러나 LGBTQ+ 공동체의 일원이라 하더라도 우리 모두는 LGBTQ+의 앨라이가 될 수 있다. 여러분이 만약 레즈비언이라면, 바이섹슈얼 혹은 팬섹슈얼 커뮤니티의 앨라이가 될 수 있다. 여러분이 만약 백인 트랜스젠더 여성이라면, 유색인 트랜스젠더 여성들을 지지하고 옹호하는 앨라이가 될 수 있다.

　트레이닝 과정 후 평가에서 성소수자 당사자인 참여자들에게 내가 종종 받곤 하는 피드백 중 하나는 이런 것이다. "우와! LGBTQ+ 커뮤니티에 관해 많은 걸 알게 됐어요. 내가 얼마나 모르는지 그동안 몰랐네요!" 여러분은 자신의 정체성과 자신이 속한 커뮤니티에 관해서라면 전문가일지 몰라도, LGBTQ+라는 우산 아래의 다른 이들에 관해서는, 혹은 그들의 앨라이가 되는 방법에 관해서는 거의 모르고 있을 수 있다. 이 책은 우리 모두를 위한 책이다.

친구들을 데려오기

내가 앨라이가 되어가는 여정에서 LGBTQ+ 커뮤니티의 구성원들 그리고 다른 앨라이들이 친절하게도 자신의 이야기와 경험들을 공유해주며 내가 개념을 이해하도록 도와주었다. 그 친구들과 동료들에게 허락을 구하고 그들의 말과 이야기, 경험담을 책에 인용해 LGBTQ+와 앨라이 커뮤니티의 목소리로 개념들을 조명해보았다. 당사자가 원하는 경우 그들의 실명을 영광스럽게도 책에서 그대로 사용했고, 익명을 선호하는 경우 가명을 사용했다. 자신의 이야기를 공유해준 분들 모두에게 감사하다. 그분들 덕분에 이 책이 개성과 온기, 인류애로 끓어넘치게 되었다. 이 여정에 여러분이 나와 함께한다는 사실이 너무나 기쁘다.

연습할수록 좋아져요

이 책은 완벽한 앨라이가 되는 법이 아니라 꽤 그럴듯한 앨라이가 되는 법에 관한 책이다. 올림픽에서 세 번 금메달을 딴 배구선수 카치 키랄리*Karch Kiraly*는 이렇게 조언한다. "경기마다 그저 잘해내는 데 집중하라. 완벽하고자 하면 종종 성적은 더 나빠지고 들쑥날쑥해진다."[1] 과제를 완벽하게 수행해야 한다고 생각하면 실패할 수밖에 없다. 그 경우 너무 압박을 받아 경기를 승리로 이끌어가지 못하고, 아예 반대 효과를 빚기 일쑤다.

이성애자이고 백인이며 트랜스 남성인 내 동료 노아는 내가 아는 그 누구보다도 완벽한 앨라이에 가까운 사람이었다. 그는 사회정의에 헌신적이었고, 관련 주제를 탐독했으며, 옹호 활동의 세밀한 뉘앙스들을 잘 이해했고, 어휘 사용에 있어 놀라우리만치 사려 깊었다. 나는 사회정의 이슈에 관해 의논할 상대가 필요할 때마다 그를 찾는다. 완벽한 앨라이에 관한 그의 생각은 다음과 같았다.

> 나는 완벽한 앨라이, 그러니까 매 순간 모든 발언에 반응하는 사람들보다는 의식적 앨라이, 즉 옹호라는 목표 아래 열심히 자주 임하면서도 매일 매 순간 사로잡혀 있지는 않은 사람들 쪽에 훨씬 더 공감해. 의식적으로 살고 행동하는 편이 훨씬 더 감당할 수 있고 지속할 수 있는 경험이라고 생각해. (…)

[1] Don Patterson, "40 Keys to Volleyball Greatness," *VolleyballUSA* (summer 2014): 39.

50퍼센트를 지속적으로 하는 게 100퍼센트를 터뜨리고
번아웃에 빠지는 것보다 낫지.

이 책은 우리의 취약성을 인정하고, 일을 그르치는 우리 자신을
용서하고, 더 나아지기 위해 노력함으로써 제법 괜찮은 앨라이가 되
고 그것을 유지하는 일에 관한 책이다.

앨라이의 힘

사회정의 운동에는 항상 앨라이가 필요하다. 앨라이의 수가 늘어나
는 것만으로도 문화적 규범과 소수자 집단에 대한 대중의 인식을
바꾸는 데 도움이 될 수 있다. 하지만 앨라이의 중요성이 머릿수 때
문만은 아니다. 앨라이가 사회정의 운동에 가져다주는 가치 있는 선
물들이 있다.

앨라이는 대의를 인증하는 데 도움이 될 수 있다

여러분이 이 책을 집어든 이유는 여러분의 아이나 부모, 혹은 친구
가 LGBTQ+여서일 수도 있고, 그렇다면 정말 잘한 거다. 그들에게
지지를 보내는 더 많은 방법들을 찾아 나선 당신에게 박수를 보낸
다. 미국에서 가장 잘 알려진 앨라이 단체인 PFLAG는 게이를 아들
로 둔 한 어머니가 주축이 되어 만들어졌다. 나는 LGBTQ+인 아이

도 없고, 자원 활동을 시작할 당시 LGBTQ+ 친구나 지인도 없었다. 이 점 때문에 많은 사람들이 내게 참여하게 된 계기를 묻곤 한다. 이 질문이 촉발한 강력한 명제에 대해 잠시 생각해보자. 사람들은 자신이나 자기 가족, 친구의 문제가 아니라면 특정 사회정의 이슈에는 관심 갖지 않는다는 것이다. 처음에 나는 내게 LGBTQ+인 가족이 없어서 환영받지 못할 거라고 걱정했었다. 하지만 결국 나는 그 사실을 공유하는 것이 LGBTQ+에 대한 형평성과 포용력을 위한 투쟁 그 자체가 지닌 가치를 승인하는 좋은 방법이 될 수 있다는 걸 깨달았다.

앨라이는 문화를 연결하는 다리가 될 수 있다

앨라이는 소수자 집단의 구성원이 아니기 때문에 소수자를 배척하고 사람들의 참여를 막는 신화나 스테레오타입, 몰이해, 공포(예컨대 LGBTQ+에 호의적이지 않고 그들을 부정확하게 재현하는 미디어, 개인적으로 알고 지내는 LGBTQ+가 없는 상황, 그들의 심기를 거스르는 발언을 할 것에 대한 걱정) 등을 예리하게 이해할 수 있다. 이런 장애물들은 우리가 처음에 앨라이로서의 여정을 시작하지 못하게 방해했던 것들과 같은 것일 수 있다. 우리가 LGBTQ+ 개인들과 커뮤니티에 대해 더 많이 알게 될수록 커뮤니티 바깥에서도 사람들의 마음을 더 잘 변화시키게 된다. 우리는 이 두 세계 사이에 다리를 놓아 이해를 증진시키고 의사소통을 도울 수 있다.

앨라이는 가능성의 모델이 될 수 있다

트랜스젠더 변호사이자 배우이며 드라마 〈오렌지 이즈 더 뉴 블랙〉의 스타인 래번 콕스는 "가능성의 모델"이라는 말을 한 적이 있다. 《라디오 타임스》와의 인터뷰에서 그녀는 이렇게 말했다. "저는 '롤모델'이라는 말을 싫어해요. 누군가가 나의 삶을 본받는다고 생각하면 굉장히 제가 주제넘은 기분이 들거든요. 그렇지만 '가능성의 모델'이라는 용어는 마음에 들어요."[1]

나는 이 정서가 참 좋다. 내가 나의 활동을 통해 할 수 있는 것 중 가장 보람찬 일은 타인들에게 가능성의 모델이 되는 것이다. 내 주변에도 얼마나 앨라이가 되고 싶어 하는 이들이 많은지 알게 된 후 나는 매우 놀라면서도 기뻤다. 친구들과 지인들에게 내가 하는 일에 대해 이야기를 시작하고서 나는 많은 이들이 LGBTQ+ 인권과 이들을 포용하는 사회의 필요성에 대해 완전히 동의하는데, 단지 무엇을 해야 하고 어떻게 참여해야 하는지 모를 뿐이라는 사실을 발견하게 되었다. 내가 우리 센터에서 맡은 프로젝트 중 하나는 자전거 대회 형식의 모금 행사를 꾸리는 일이었다. 이 행사를 통해 나는 앨라이 군단 하나를 조직했다. 이들은 그전까지 앨라이를 접하지 못했던 사람들을 만나, 자신들이 자전거를 타며 모금 활동을 하는 이유를 그들에게 전해줄 수 있었다.

---

1 "Orange Is the New Black's Wonder Woman Laverne Cox on Being a Transgender Trailblazer," *Radio Times*, July 26, 2015, https://www.radiotimes.com/news/2015-07-26/orange-is-the-new-blacks-wonder-woman-laverne-cox-on-being-a-transgender-trailblazer/.

앨라이는 특별한 접근권을 가진다

성소수자 당사자가 아닌 내가 앨라이로서 성장할 수 있었던 건 부분적으로 내 정체성에 관한 대화를 잘 해내고 그것을 공유하면 좋을 때와 아닐 때를 분별하는 법을 배운 덕분이었다. 초기에는 다들 내가 레즈비언일 거라고 짐작하곤 했다. (놀랍지는 않다. 나는 LGBTQ+ 센터에서 일했고, 편한 신발을 신고 다녔으니까.)

○ **재밌는 사실**

신발만 보고 레즈비언을 판별해서는 안 된다.
('게이더'를 다루는 6장을 참고하라.)

그렇지만 난 레즈비언이 아니었고, 레즈비언이 '되지도' 않았다. LGBTQ+ 센터에서 15년간 일하면서도 나는 동성애자로 '물들지' 못했다. 동성애가 전염성이 없다는 살아 있는 증거가 바로 나다. (농담 맞다.) 그냥 사람들이 나를 LGBTQ+ 커뮤니티의 일원으로 여기도록 두는 게 쉽고 편할 때도 많았다. 그러나 앨라이로서의 내 목소리가 더 중요해지는 때가 여러 번 있었다.

나는 앨라이로서의 내 정체성 덕분에 내가 LGBTQ+들이 대개 접근하지 못하는 권력 시스템과 커뮤니티들에 접근할 수 있다는 사실을 알게 되었다. 동성애혐오, 양성애혐오, 트랜스혐오 때문에, 그리고 내가 LGBTQ+가 아님을 드러냈을 때 덜 위협적인 사람으로 인식된다는 사실만으로, 나는 내 LGBTQ+ 친구들이 갈 수 없는 곳에서 그들이 만날 수 없는 사람들과 만나 사회 변화를 주제로 대화를 나눌 수가 있었다. 내게는 이 상황의 함정에 빠져 허우적대든지, 아니면 나를 두 팔 벌려 환영해준 커뮤니티에 무언가 되돌려줄 기회로 삼든지 둘 중 하나였고, 난 후자를 택했다.

여러분의 이야기를 들려주세요

앞에서도 얘기했듯이, 이 책은 왜 앨라이가 되어야 하는지가 아니라 어떻게 하면 앨라이가 되는지에 관한 책이다. 따라서 이 책은 더 나은 세상, 더 포용적인 장소를 만드는 데 도움이 되는 행동들에 주목한다. 그럼에도 나는 이 일을 하다 보면 항상 이 '왜'라는 질문을 만나게 되는데, 그 점은 아마 여러분도 마찬가지일 것 같다. 왜 그렇게 열정적인가? 왜 다름 아닌 이 사회정의 이슈인가? 왜 LGBTQ+ 인권이 여러분에게 중요한가? 이 질문들에 대한 여러분의 답은 변화를 만들어내는 데 강력한 원동력이 될 수도 있으니, 여러분 각자의 대답을 생각해보길 바란다. 내 대답은 다음과 같다.

우리 할머니에게 어떻게 홀로코스트가 일어났는지 여쭤본 적이 있다. 할머니는 노년의 유대인 여성이었기에 그 얘기를 내게 해줄 수 있을 거라고 생각했다. 나는 유대인들이 왜 도망가거나 숨거나 옷에 붙은 다윗의 별을 떼어버리지 않았는지 등의 디테일이 궁금했다. 하지만 할머니는 브루클린에서 자랐었기에, 내게 역사책 이상의 이야기를 해줄 수는 없었다.

그러다 『쉰들러 리스트_Schindler's List_』를 읽고서 당시의 체계적 억압의 과정을 이해할 수 있게 되었다. 호명하기와 희생양 삼기로 시작해 점차 차별과 격리로 이어졌고, 그다음은 폭력 행위, 결국 집단 학살이었다.

많은 이들이 홀로코스트를 고대 역사처럼 여기곤 한다. 그러나 50대의 나와 같은 이들에게는 충격적일 만큼 최근의 일이다. 친구네 다락에 2년 넘게 숨어 있었던 안네 프랑크는 내가 태어나기 고작 18년 전에 죽임당했다.

가장 두려운 것 중 하나는 내가 나중에 손주들에게 어떻게 이런 일이 일어날 수 있었는지 설명해야 할지도 모른다는 사실이다. 어떻게 우리가 처음에 의사들이 자신의 종교적 신앙에 반한다는 명목으로 LGBTQ+들의 진료를 거부하게 내버려두었는지, 그다음 어떻게 우리가 트랜스젠더들에게서 안전한 화장실 및 기타 시설에 대한 접근권을 박탈했는지, 어쩌다 LGBTQ+들의 공간에서 총기 난사 사건들이 일어나 결국은 내 다락에 사람들을 숨겨야 했는지를 말이다.

이게 내 미래의 이야기가 되어서는 안 된다. 내가 이 일을 하는 이유가 그 때문이다. 앨라이들은 모든 사회정의 운동에서 강력한 필수 세력이다. 여러분이 여기에 가담할 준비가 되었거나 혹은 이미 이 일부라면, 이 책이 여러분의 여정에 유용한 도구가 되기를 바란다. 혹여 변화를 위한 불꽃이 아직 마음속에 타오르지 않는 분이 있다면, 내가 당신의 마음에 성냥을 그을 기회를 갖게 되어 영광이다.

1부

앨라이로서 식견 쌓기

2장 용어 설명은 권말 부록을 보시오

'유-덴티티'가 아니라 '아이-덴티티'다.

스스로 자신을 정의할 권리를 존중하라.

—로빈 옥스*Robyn Ochs*

참고자료로 삼을 수 있도록 이 책 맨 뒤에 기본적인 LGBTQ+ 관련 용어의 일부를 해설해놓았다. 정체성은 굉장히 중요한데, 이 장에서 곧 왜 그런지 이야기할 것이다. 그런데 방대한 용어 해설에 너무 무게를 두면 기대와는 반대되는 효과를 불러올 수도 있다는 걸 알게 되었다. 초심자들은 엄청나게 많은 용어들과 정체성들에 주눅이 들어, 대화를 나누는 대신 뭔가 잘못된 말이나 구닥다리 표현, 혹은 모욕적인 말을 할까 봐 겁부터 먹고 입을 닫게 될 수도 있다.

그 대신 이 책에서 나는 전문용어를 하나도 모르거나 기억하지 못하더라도 존중에 기반한 대화를 해나가는 방법에 관한 팁을 공유하려 한다. 그러니 내가 책 뒤에 구성해놓은 LGBTQ+ 용어 해설은 시간이 날 때 편하게 읽어보기 바란다. 주의사항을 먼저 읽고, 그다음 신중하게 읽어나가기를. 용어들에 친숙해지는 건 바람직하다. 그러나 그 용어들을 손에 쥐고 사람들에게 꼬리표를 붙이면서 세상을 살아가지는 말도록 하자.

　말이 나온 김에 말하자면, 우리가 모두 같은 페이지에 있음을 확인하고 이 책에서 최대한 많은 걸 얻어갈 수 있도록 하기 위해 이 장에서 집중하고 싶은 세 가지 용어가 있다. 시스젠더, LGBTQ+, 퀴어가 그것이다.

시스젠더

첫 번째 용어는 1장에서 많이 언급한 것으로, 이제 그 정의를 살펴보려 한다. 여러분의 어휘집에 아직 없다면 이참에 넣어두면 참 좋을 용어다. 지금부터 나는 이 책에서 '시스젠더'라는 용어를 계속해서 사용할 것이다. 시스젠더는 출생 시 지정받은 성별이 자신의 젠더 정체성과 일치하거나 스스로 그렇다고 알고 있는 사람들을 일컫는다. 다시 말해, 여러분이 태어났을 때 의사나 산파가 '여자아이예요!'라고 말했고, 커가면서 여러분이 그 말이 자신을 설명하는 데 잘 들어맞는다고 느낀다면(들어맞는지 아닌지 생각해본 적이 없어서 아마 대부분 그러기 쉽다), 여러분은 시스젠더다. 즉, 시스젠더는 '트랜스젠더가 아님'을 나타내는 말이다.

어원에 관심 있는 '용어 덕후'들을 위해 덧붙이자면, 접두사 cis와 trans는 원래 라틴어로, cis는 '이편'을, trans는 '다른 편' 혹은 '건너 편'을 뜻한다. 따라서 간단하게 생각해보면, 출생 시 지정받은 성별이 당신의 젠더 정체성과 들어맞거나 같은 편에 위치한다면, 여러분은 시스젠더다. 만약 그 둘이 서로 들어맞지 않거나 서로 건너편에 위치할 경우, 당신은 트랜스다.

LGBTQ+

여러분은 아마도 LGBTQ+ 머리글자 표기의 다양한 버전들을 보았을 것이다. 이 머리글자들과 관련한 내 과거 경험을 간략하게 짚어본 후 이 책에서 LGBTQ+라는 용어 표기를 채택한 이유를 설명하겠다.

이 책이 출판된 2020년 현재 뉴욕주 북부의 관점에서 가장 자주 사용되는 정식 머리글자는 LGBTQQIAA2SPP다. 즉, '레즈비언, 게이, 바이섹슈얼, 트랜스젠더, 퀴어, 퀘스처닝, 인터섹스, 에이섹슈얼, 앨라이, 투스피릿(두 영혼), 팬섹슈얼, 폴리아모리'의 머리글자다(이 중 익숙하지 않은 정체성이 있다면 책 뒤편의 용어해설을 보고 오면 된다). 그런데 현실은 LGBTQQIAA2SPP라는 머리글자가 너무 길고, 다소 위압감을 주는 데다, 무엇보다도 계속 바뀐다는 것이다. 게다가 어느 비영리 LGBTQ+ 센터가 저 많은 글자들을 다 프린트할 잉크 비용을 계속 감당할 수 있을까(이것도 농담 맞다). '+' 표시가 고안된 건 Q 다음에 나오는 정체성들을 무시하려는 것이 아니라 이 머리글자 표기를 더욱 사용자 친화적이며 언제나 적절한 것으로 만들기 위함이다. LGBTQ+는 '레즈비언, 게이, 바이섹슈얼, 트랜스젠더, 퀴어/퀘스처닝, 그리고 훨씬 더 다양한 정체성들'을 뜻한다!

내가 성소수자 앨라이로 활동해온 지난 15년간 흔히 사용되어온 머리글자의 변천사는 다음과 같다. 2003년 내가 처음 발을 디뎠을 때 가장 많이 사용되던 건 GLBT였다. 몇 년 후에는 LGBT로 바뀌었다. 그 배경에는 아마도 이런 정서가 작용했을 테다. '왜 항상 남자가 먼저 나오지? 변화를 위해 여자를 앞에 두자.' 멋진 발상이다. 만약 내가 세계를 통치한다면 공평하게 하기 위해 글자 순서를 5년에 한 번씩 바꾸겠다. '축하합니다! 이번엔 우리 바이섹슈얼 친구들이 맨 앞이에요!'

그로부터 5, 6년 후인 2013년 무렵, 많은 단체들이 웹사이트상의 머리글자를 LGBTQ로 바꾸며 더욱 포괄적이고자 했다. 여기서 Q는 '퀘스처닝'도 '퀴어'도 될 수 있었고, 둘 다를 의미할 수도 있었다.

'퀘스처닝'이라는 단어는 종종 머리글자 속에 포함되어, 정체성은 언제든 변화할 수 있음을 상기시켜주며 우리가 그 사실을 받아들이도록 도와준다. 우리가 누구인지 이해하는 일과 우리의 이끌림을 규정하는 일은 기나긴 과정이며 시간이 흐르면서 변할 수도 있다. 많은 사회단체와 지지 모임들은 자신들이 환영하는 이들 목록에 '퀘스처닝'이라는 단어를 넣어, 아직 자기 자신에 대해 명백히 알아내지 못했더라도 성소수자 그룹에 참여할 수 있다고 알린다.

2018년, 우리 지역의 단체가 웹사이트와 모든 자료에 사용되는 머리글자를 LGBTQ+로 바꾸는 탁월한 결정을 했다. 다른 여러 단체들도 그렇게 했다. 나는 가급적 포괄적이고자 이 책에서도 LGBTQ+라는 머리글자를 쓰기로 했다.

퀴어

역사적으로 '퀴어'라는 말은 모욕적인 말로 사용되었고, 따라서 이 용어를 결코 편안하게 사용할 수 없는 사람들이 있다. 특히 이 말이 경멸의 표현으로 사용되던 것에 익숙한 장년층 이상에서 그런 경향이 강하지만, 종종 젊은 층에서도 불편해하는 사람들이 있다. 하지만 어떤 LGBTQ+들은 이 말을 되찾았고 기꺼이 자신에게 적용한다. '퀴어'라는 단어는 누군가의 성적 지향이나 젠더를 나타내는 정체성으로 사용될 수 있고, 둘 다를 나타낼 수도 있다. 따라서 기본적으로 이성애자가 아니거나 시스젠더가 아닌 사람은 누구나 이 용어를 받아들일 수 있다.[1]

---

1 [옮긴이] 국내에는 '퀴어'와 비슷한 쓰임을 갖는 말로 '이반(異般)'이라는 용어가 있다. 1990년대 PC통신에서 '일반(一般)'적인 이성애자와 다르다는 의미로 동성애자들이 스스로를 부르는 은어로 사용하기 시작해, 전형적이지 않은 젠더 정체성을 가진 성소수자들을 통칭하는 말로 확장되었다가, 2010년대 들어 '퀴어'나 '성소수자' 등으로 대체되며 점차 사용이 줄어들었다. 한국성적소수자문화인권센터(KSCRC) 홈페이지의 '성적소수자 사전'을 참고하라. (http://kscrc.org/xe/board_yXmx36/4767)

누군가가 자신을 '퀴어'라고 칭하는 이유 중 내가 들은 것 몇 가지만 예로 들어보겠다.

- LGBTQ+ 머리글자 중 몇 개의 정체성에 해당해서 한 글자혹은 하나의 정체성으로는 자신을 표현할 수 없는 경우. 예를들면, 바이섹슈얼이면서 폴리아모리인 트랜스 여성의 경우.
- 커뮤니티의 일원으로서 자긍심을 느끼지만 굳이 몇 개의글자만으로 정체화하고 싶지 않아서 좀 더 포괄적인 의미로'퀴어'라는 용어를 사용하는 경우.
- 자신의 정체성이 늘 변화하고 진화한다는 것을 깨달은 경우.

'퀴어'라는 단어를 둘러싸고 사람들이 이다지도 다양한 견해를 가지고 있는 세계를 우리는 어떻게 항해하면 좋을까? 이 단어를 누가좋아하고 누가 싫어하는지 어떻게 안단 말인가? 어떻게 하면 무례를 범하지 않고 LGBTQ+들과 대화를 나눌 수 있을까? 그 방법은 5장에서 살펴볼 것이다.

○　　막간 퀴즈

다음 중 맞는 것을 고르시오.
A. '퀴어'는 역사적으로 LGBTQ+들을 공격하는 데 사용돼온 모욕적인말이므로 사용해서는 안 된다.
B. '퀴어'라는 말을 어떤 이들은 사랑하고 또 어떤 이들은 싫어한다.주의해서 사용할 필요가 있다.

C. '퀴어'는 LGBTQ+ 커뮤니티가 되찾은 말이므로 사용해도 문제 없다.
(예컨대 '퀴어 연구', 〈퀴어 아이: 이성애자들을 위한 퀴어의 관점〉에서 보듯이)

정답: B

누군가가 '퀴어'라는 말에 대해 어떻게 느끼는지 물어보지 않고서 우리가
알 방법은 없다. 이것은 많은 사람들이 관심 갖는 주제다. 만약 여러분이
LGBTQ+ 수십 명을 한 방에 모아놓고 그들에게 '퀴어'란 말을 어떻게
느끼는지 물어본다면 대답을 다 듣느라 몇 달이 걸릴지도 모른다.
앨라이들을 위한 최선의 실전 팁은, 누군가가 '퀴어'를 자신의 정체성을
나타내는 단어로 쓰는 것을 듣기 전까지는 그 말을 사용하지 말아야 한다는
것이다.

왜 이토록 많은 정체성이 필요할까?

굉장히 흔한 질문이다. '이 모든 정체성들이 왜 전부 필요한 거죠?
우리 모두 그저 인간이면 안 되나요?' 물론 나도 이 질문에 깔린 정
서에는 공감하는 바이며, 이런 질문은 대개 존중심 넘치는 좋은 환
경에서 자란 사람들이 많이 하곤 한다. 하지만 안타깝게도, 그렇게
간단한 문제가 아니다. 그토록 많은 정체성이 필요한 이유를 이해하
고 설명할 수 있는 능력은 숙련된 앨라이가 되는 데 매우 중요한 자
질이다.

이 문제를 해부해보기로 하고, 우선 이 질문을 누가 던지는지 생
각해보자. 주로 정체성(들)을 이미 확립했고 그것(들)을 표현하는 어

휘가 확고하게 마련되어 있는 사람들이 이런 질문을 던지곤 한다. 때때로 질문하는 이가 이성애자이며 시스젠더일 경우, 자신의 정체성이 사회의 기대에 부응하기 때문에 그것을 나타내는 단어가 이미 구비되어 있다는 사실에 대해 생각해볼 필요조차 없었을 것이다.

흥미롭게도 이런 질문은 LGBTQ+ 커뮤니티 안에 있는 사람들에게서도 종종 나온다. 우리 단체의 유능한 진행자가 된 한 젊은 이성애자 트랜스 남성은 자신도 LGBTQ+ 강사로 일하기 전에는 이런 질문을 하곤 했다고 털어놨다. 그는 비교적 새로운 정체성을 가리키는 '젠더퀴어', '팬섹슈얼', '논바이너리', '에이젠더' 등의 단어를 접하고는 이렇게 생각했다. '이미 많은데 뭘 또? 우스꽝스러울 지경이군.' 이제 그는 이해한다. 자신의 정체성을 나타낼 단어들(이성애자, 트랜스젠더)을 찾고 나니 자신의 탐색이 끝났을 뿐이라는 사실을. 그 단어들은 그에게 잘 들어맞았고, 또 영어 사용자들이 대체로 이해 가능하고 수용할 수 있는 말들이었다. 여전히 자신의 정체성을 나타낼 말들을 찾는 이들에 비해서 그는 이제 자신의 정체성 용어에 편안함을 느끼게 된 것이었고, 그래서 그는 이렇게 생각했었다. '이제 새로운 용어들은 그만 만들면 안 될까?'

모든 어휘가 처음에는 다 새로운 것이었다. 필요가 어휘를 만든다. 앞서 살펴본 '시스젠더'가 좋은 예다. '트랜스젠더가 아닌'이라는 단어가 필요한 이유는 무엇일까? 무엇보다 "나는 이성애자이고, 비트랜스젠더인 앨라이예요"라는 말은 좀 투박하게 들린다. 그보다 더 중요한 것은, '트랜스젠더가 아닌'이라는 뜻의 용어를 만들어내기 전에 사람들은 '정상' 같은 말을 사용했다는 사실이다. "저는 트랜스젠더가 아닙니다. 저는 정상이에요" 같은 말은 꽤 무례하고 공격적인 표현이다.

다음은 자신이 쓰는 언어에 자신을 나타낼 정체성 용어가 아직 없다고 느끼는 사람의 이야기다. 디는 필리핀에서 자란 트랜스젠더 여성이다. 그녀는 어렸을 때부터 자신이 남들과 다르다는 것을 느꼈지만 그 이유를 확신하지는 못했다. 자신과 비슷한 이가 있는지 찾고 자신이 누구인지 발견하고자 세상을 둘러보던 그녀는 '바클라 *bakla*'라는 말에 안착했다. 그것은 디가 자신의 언어에서 찾아낼 수 있었던 유일한 말이다. 그녀는 '바클라'가 태어날 때는 남성으로 여겨졌지만 매우 여성적인 태도로 자신을 표현하는 사람을 가리키는 용어라고 알려주었다. 필리핀어에는 동성애자 남성, 트랜스젠더 여성, 크로스드레서 남성을 일컫는 말이 각기 존재하지 않고 모두 '바클라'라는 말로 아울러진다. 따라서 시스젠더 게이 남성이 트랜스 여성과 같은 부류로 이해되는 것이다. 즉, 디는 학교에서 게이 남자아이들과 어울려 다니며 '바클라'라는 꼬리표를 얻었지만, 그 명칭이 자신에게 딱 들어맞지는 않는다고 느꼈다. 그러다 '트랜스젠더'라는 영어 단어를 접하는 순간 디는 자신의 정체성 용어를 찾았다고 느꼈던 것이다.

트랜스 활동가인 알렉스 마이어스에 따르면, "머리글자에 문자들을 추가하는 것은 모든 존재가 특별하다는 사실을 확증하는 일이 아니다. 이 문자들은 생명을 구한다. 이 문자들은 자기수용과 이해라는 강력한 감각을 만들어낸다. 이 머리글자들이 조롱의 대상이 되었다는 사실은 LGBTQIA+의 시민권과 관련해 해야 할 일이 아직 많이 산재해 있음을 나타낼 따름이다."[1]

나는 진정 우리 모두가 그저 인간으로 정체화할 수 있는 날이 오기를 바라지만, 그러려면 먼저 해야 할 일이 무지 많은 게 현실이다. 모두가 법적 권리와 보호를 보장받을 때, 사람들이 더는 모두가 이성애자에 시스젠더일 것이라고 가정하지 않을 때, LGBTQ+라는 우산 아래 어느 글자에 해당하는 정체성을 가졌더라도 그 사실을 공개하는 일이 내가 나를 시스젠더 이성애자로 소개하는 것만큼 쉬워졌을 때, 누가 무엇으로 정체화하든 아무도 신경 쓰지 않을 때가 바로 그날일 것이다. 아직은 확실히 그날에 미치지 못했다. 숙련된 앨라이로서 해야 할 일이 굉장히 많다.

---

1 Alex Myers, "Why We Need More Queer Identity Labels, Not Fewer," *Slate*, January 16, 2018, https://slate.com/human-interest/2018/01/lgbtq-people-need-morelabels-not-fewer.html.

나는 수년간 고통스러웠고, 나를 드러내지 않고
살고자 무던 애를 썼다. 누구 하나라도 이 사실을
아는 날에는 세상이 두 쪽 날 것이라고 확신했다.
그럼에도 나의 섹슈얼리티를 스스로 인정했을
때에야 비로소 나는 나 자신을 완전하게 느낄 수
있었다.

—제이슨 콜린스*Jason Collins*

얼마나 큰 발견이길래?

"엄마, 아빠… 잠깐 앉아보세요. 말씀드릴 것이 있어요. 아마 많이 놀
라실 텐데, 오랫동안 제가 저 자신에 대해 생각해온 게 있어요. 이젠

그걸 말씀드려야 할 것 같아서요… 저는요, 음… 이성애자예요." 아
니. 그런 일은 결코 일어나지 않는다. 이성애자이고 시스젠더인 사
람들은 커밍아웃을 할 필요가 없다. 그 점은 이미 공개되어 있는 것
과 다름없기 때문이다.

잠시 이 사실에 대해 생각해보자. 왜 그럴까? 이성애자이고 시스
젠더인 사람들이 커밍아웃할 필요가 없는 이유는 '마땅히 그래야 한
다'고 여겨지는 기대를 모두 충족시키기 때문이다(따옴표에 유의하
라). 나는 출생 시 여자로 지정받았고, 그것이 내게 들어맞는다고 느
꼈다. 나는 한 번도 의문을 가져본 적이 없다. 내 부모님은 내가 이
성애자로 자라기를 바랐고, 실제로 그렇게 됐다. 내 부모님이 내가
이성애자로 자라기를 바랐는지 어떻게 아느냐고? 내가 부모님에게
듣고 자란 내 미래의 반려자에 관한 말들 모두가, 그리고 그들이 내
게 읽어준 책들이 전부 이성애지향적이었기 때문이다. 시스젠더 이
성애자들의 경우 성적 지향과 젠더가 모두 제대로 추정되기 때문에
굳이 커밍아웃을 해서 교정할 필요가 없다. 시스젠더 이성애자인 우
리는 기대를 충족시켰고, '올바른' 궤도에 있다.

이것이 우리의 LGBTQ+ 친구들에게 의미하는 바는 당연히 그 반
대다. 그들이 고도로 포용적인 환경에서 완전히 고립되어 자란 게
아니라면(즉, 학교도 안 가고, 다른 아이들과 만나지도 않고, 어떤 종교적 커
뮤니티에도 속하지 않고, 스포츠팀 활동도 전혀 안 하고, 영화도 안 보고, 대
중서도 안 읽는 등), 그들은 자신의 정체성을 깨닫는 순간 자신이 '잘
못된' 궤도에 있다는 메시지를 받는다.

내가 일하던 LGBTQ+ 센터의 교육 책임자로서 나는 강연자 양성 부서의 자원 활동가들을 모두 트레이닝하는 역할을 맡고 있었다. 덕분에 나는 수백 가지 커밍아웃 이야기를 듣는 귀한 기회를 가질 수 있었다. 가장 놀라운 것 중 한 가지는 모든 발언자들이 부모에게 커밍아웃하는 과정에서 매우 고통스러운 시간을 보냈다는 것이었다. 무슨 일이 있어도 자식을 사랑할 것이라는 믿음을 끊임없이 주었던 부모들뿐 아니라 LGBTQ+에 관해 분명하게 긍정적으로 말해온 부모들, 심지어 LGBTQ+ 친구들이 있고 그들을 집에 자주 초대했던 부모들을 둔 경우에도 마찬가지였다. 발언자들이 내게 이야기를 공유해준 덕분에 나는 그들이 가정에서 받은 긍정적인 메시지보다 바깥 세계에서 받은 부정적인 메시지들이 훨씬 더 강력했다는 사실을 알게 되었다.

결혼평등에 관한 입법 논의가 국가적 차원에서 이루어지기 시작한 이후 나는 LGBTQ+ 인권, 포용력, 수용의 측면에서 미국이라는 나라가 제법 발전해 있기에 우리의 역할은 끝났다고 믿는 사람들이 꽤 많다는 것을 알게 되었다. 그것은 사실이 아니다.

커밍아웃이라는 과정

우리 사회에서는 타인에 대해 그가 누구이며 어떤 사람이어야 하는지에 관한 기대와 추정이 제한되어 있는 까닭에, LGBTQ+들은 일상을 살아가는 와중에 언제나 두 가지 선택지를 갖게 된다. 즉, 커밍아웃을 하거나 거짓말을 하거나 둘 중 하나다. 누구도 이 사실을 간과하지 않았으면 해서 다시 한번 말하겠다. 우리 사회는 LGBTQ+들에게 끊임없이 커밍아웃과 거짓말, 둘 중 하나를 강요하고 있다. 대개의 LGBTQ+들이 커밍아웃을 하는 이유는 사람들을 놀래키고 싶어서라든가 자신의 섹슈얼리티를 노골적으로 들이대고 싶어서가 아니다. 그들이 커밍아웃을 하는 이유는 사람들의 정체성과 지향에 대해 제한적이고 협소한 관점을 갖고 있는 사회의 기대에 자신들이 들어맞지 않기 때문이다. 결코 LGBTQ+ 본인들에게 문제가 있어서가 아니다. 문제는 우리 사회에 있다.

사회가 기대하는 정체성의 틀에 들어맞지 않는다는 것은 어떤 것일까? 어떻게 사회의 기대와 타협하고, 건강하고 행복한 삶을 살 수 있을까? 그것은 일련의 과정이다. 그 과정에 대한 기본적인 이해력을 갖추는 것이 앨라이들에게는 필수적이다. 그러면 이따금씩 LGBTQ+들에게 시스젠더, 이성애자 들이 분노의 대상이 되는 이유, 긍정적인 LGBTQ+ 역할모델의 존재가 중요한 이유, 누군가가 커밍아웃을 할 때 너그럽고 지지하는 태도를 보이는 것이 매우 중요한 이유를 이해할 수 있다.

먼저 커밍아웃 과정을 이해하기 위해 커밍아웃의 발전단계 모델을 살펴보고자 한다. 세상에 수많은 모델이 있지만, 그중 첫 번째로 1979년 심리상담사 비비엔 캐스가 개발한 모델에서 다른 것들이 파생되어 나왔다고 볼 수 있다.[1]

모든 발전단계 모델이 그러하듯 누군가에게는 적용되고 다른 누군가에게는 적용되지 않을 수 있으니, 모든 LGBTQ+들이 이 모델에 들어맞을 거라고 말하는 게 아님을 숙지해주길 바란다. 모두가 그렇지는 않다. 그럼에도 내 경험상 이 모델은 많은 LGBTQ+들에게 통했고, 커밍아웃 과정을 이해하는 데도 유용한 도구가 되어준다.

캐스의 모델에서 착안해 나는 커밍아웃의 여섯 단계에 대한 시놉시스를 만들어보았다. 각 단계에서 당사자가 어떤 행동을 할 수 있는지 예시를 덧붙였다.

정체성 혼란

정체성 혼란 단계는 사람마다 다르게 느낀다. 심지어 아직 LGBTQ+ 정체성의 맥락에서 생각하지 않을 수도 있다. 그저 남들과는 다르다는 감각을 가질 뿐이다. '나는 누구인가?'가 가장 큰 질문이다.

정체성 비교

정체성 비교 단계에서는 스스로 이런 질문을 한다. '혹시 나도?' 그리고 세상 밖을 내다보곤 게이, 레즈비언, 트랜스젠더 등의 사람들에 대해 알고 있는 것과 자기 자신을 비교하기 시작한다.

프로 농구 선수 제이슨 콜린스*Jason Collins*가 2013년 게이로 커밍아웃했을 때, '왜 굳이 커밍아웃을 했대? 그저 농구 선수일 수는 없

---

1 Vivienne Cass, "Homosexual Identity Formation: A Theoretical Model," *Journal of Homosexuality 4, no. 3* (spring 1979): 219-235.

나? 그 사람의 성적 지향이 왜 중요하지?'라는 물음을 가진 사람들로부터 엄청난 반발이 있었다. 정체성 비교 단계는 콜린스 같은 운동선수가 공개적으로 커밍아웃하는 것이 중요한 의미가 있음을 설명해준다.

자신이 게이인지 알아보려 노력하는, 정체성 비교 단계의 10대 소년에 관해 생각해보자. 게이로 사는 삶이란 어떤 의미이며 어떤 모습인지, 어떻게 받아들여지는지 궁금한 소년은 세상을 내다본다. 만약 그가 영화 〈베벌리힐스 캅〉(1984)에서 성병 걸린 라몬 행세를 하는 엑셀 폴리나 『호밀밭의 파수꾼』의 비열한 교사 앤톨리니처럼 게이 남성에 관해 부정적인 이미지와 전형밖에 볼 수 없다면, 둘 중 한 가지 생각을 하게 될 것이다. 첫째, '나는 저렇지 않아'. 이 경우 다시 정체성의 혼란 단계로 돌아가 '내가 게이가 아니라면 난 왜 이렇게 나를 남들과 다르게 느낄까?'라고 궁금해할 것이다. 둘째, '나는 게이가 틀림없어. 그런데 게이는 나쁜 것인가 봐. 아무에게도 말하지 말아야지'. 이 경우 자기 자신이 형편없다고 느끼면서 정체성 용인의 단계로 넘어갈 것이다.

만약 이때 그 소년이 세상에 제이슨 콜린스 같은 동성애자 운동선수, 닐 패트릭 해리스*Neil Patrick Harris* 같은 동성애자 배우가 있다는 것을 안다면 어떨지 생각해보자. 이성애를 강요하는 세상의 그 모든 사회적 기대를 무시할 순 없으므로 여전히 뛸 듯이 기뻐할 수는 없는 것이 사실이겠지만, 이 경우 자기수용의 여정은 훨씬 더 편안할 것이다. 콜린스와 해리스처럼 활기 있고 총명하고 건강한 동성애자 역할모델이 있고, 미디어가 〈스타 트렉〉 리부트 시리즈의 술루 캐릭터처럼 게이 남성을 더 온당하게 재현한다면, 소년은 이 정체성 비교 단계와 다음 단계인 정체성 용인 단계를 더 신속하게 거칠 수 있을 것이다.

정체성 용인

'용인tolerance'이라는 단어는 사회정의 관련 분야에서 자주 들을 수 있는 말로, 종종 '수용acceptance'과 혼동되기도 하지만, 둘은 서로 다른 개념이다. 우리는 혼잡한 교통상황이라든가 혹한같이 싫지만 어찌할 수 없는 것을 용인할tolerate 수 있다. 자신의 정체성을 용인한다는 것은 좋은, 건강한 상태는 아니다. 정체성 용인 단계는 자기 자신에게는 커밍아웃을 했지만 타인에게는 할 수 없는 단계다. 이 경우 자신의 정체성을 다른 이들은 아무도 알 필요 없는 작은 치부로 여길 수도 있다. 자살에 대한 생각, 자살기도가 가장 빈번히 일어나는 단계이기도 하다.

재밌지만은 않은 사실

수년간 게이, 레즈비언, 양성애자 들의 자살시도율이 이성애자들의 3~4배라고 알려져왔다.[1] 2015년 트랜스젠더들을 대상으로 한 최대 규모의 조사에서 트랜스젠더의 자살시도율은 40퍼센트가 넘는다는

1　Laura Kann, Emily O'Malley Olsen, Tim McManus, et al., "Sexual Identity, Sex of Sexual Contacts, and Health-Related Behaviors among Students in Grades 9-12—United States and Selected Sites, 2015," *Center for Disease Control and Prevention Morbidity and Mortality Weekly Report, Surveillance Summaries 65, no. 9* (August 12, 2016): 19-22.

사실이 밝혀졌다.[1] 미국 50개 주 출신의 2만 5000명 이상의 트랜스젠더를 대상으로 한 이 조사에서 40퍼센트가 자살시도를 한 경험이 있었다. 일반 대중의 자살시도율 4.6퍼센트와 비교해보면,[2] 시스젠더 앨라이들이 트랜스 친구들을 지지하기 위해 해야 할 일이 아주 많다는 사실이 분명해진다. 이 조사에서 트랜스젠더 개인들이 지지를 받고, 원할 경우 트랜지션을 위한 의료 지원을 받을 경우, 자살시도율이 일반 대중의 수준으로 떨어진다는 사실에 주목할 필요가 있다. 다시 한번 강조하지만, 이것은 LGBTQ+들의 문제가 아닌, 우리 사회의 문제다.

정체성 수용

정체성 수용 단계에서는 자신이 세상에서 유일한 LGBTQ+가 아니라는 사실과 자기 자신으로 살아도 괜찮다는 사실을 깨닫기 시작한다. 이 단계에서는 자신과 비슷한 사람들을 찾아 나서며, 첫 커밍아웃을 시도한다. 오히려 더 안전한 기분이 들어 전혀 모르는 이에게 시험 삼아 해볼 수도 있고, 아니면 믿을 만한 친구나 가족에게 할 수도 있다. (어쩌면 커다란 무지개 배지를 달고 있는 사람에게 할지도?) 첫 커밍아웃이 어땠는지에 따라 정체성 자긍심 단계로 넘어가거나 정체성 수용 단계를 더 누비고 다닐 수도 있고, 정체성 용인 단계로 되돌아갈 수도 있다.

---

1 S. E. James, J. L. Herman, S. Rankin, et al., *The Report of the 2015 U.S. Transgender Survey* (Washington, DC: National Center for Transgender Equality, 2016), https://transequality.org/sites/default/files/docs/usts/USTS-Full-Report-Dec17.pdf

2 같은 글.

정체성 자긍심

정체성 자긍심 단계는 떠들썩하게 자랑하는 단계라 할 수 있다. 바깥에서 들여다볼 때 이 단계의 사람들은 종종 불쾌하고 공격적이고 화나 있거나 과하다고 여겨지기도 한다. 앨라이라면 이 떠들썩하게 자랑하는 행동과 태도가 어디서 나오는지 이해하고 당사자가 무사히 겪어낸 경험을 존중하는 것이 매우 중요하다.

정체성 자긍심 단계는 세상에 자기 자신을 떳떳하게 드러내고 그 상태를 매우 기분 좋게 느끼는 단계다. 대개 정체성 수용 단계에서 몇몇 사람들에게 커밍아웃을 했는데도 세상이 끝나지 않았음을 이미 확인한 경우다. 사실 오히려 지지를 받은 데 놀란 경우도 많다. 정체성 수용 단계에서는 다른 LGBTQ+들을 만나 지지를 받게 되기도 한다. 이제 정체성 자긍심 단계에서는 자기혐오, 자기회의, 공포 등의 억압을 벗어버리고 진정한, 자랑스러운 자기 자신으로 세상에 발을 디딘다. 이 단계에서 가끔 분출되는 공격성과 분노는 오랫동안 자기 자신에 대해 거짓말을 해야 했던 데서, 새로운 진정한 자기를 보호하려는 마음에서, 다시는 벽장으로 돌아가 숨지 않겠다는 다짐에서 기인한다.

내가 진행한 워크숍 참가자 중 한 사람은 정체성 자긍심 단계에 관한 설명을 듣고서 문득 깨달았다. "우와! 무슨 말인지 아주 잘 알겠어요! 제 가게에 온 한 손님이 '저 레즈비언인데 문제없죠? 불만 있으시면 다른 데 가려고요'라고 했고, 저는 생각했죠. '어쩜담? 내가 안전하지 않거나 불쾌한 기분을 느끼게 했나?' 이제 완전히 알겠어요!"

정체성 자긍심 단계에 있는 사람에게 LGBTQ+로서 정체성은 자신의 모든 다른 정체성들에 우선하는 경향이 있다. 이 시기 동안 이들은 이성애자/시스젠더 친구들을 멀리할 수도 있다. 또 커밍아웃하지 않고 자신을 숨기며 사는 LGBTQ+들을 못마땅해할 수도 있다. 학생인 경우, 모든 글쓰기 과제가 자신의 LGBTQ+ 정체성에 관한 내용으로 채워질 수도 있다. 직장인이라면, 자신의 업무 공간에 무지개 깃발 표식을 달지도 모른다. 전형적이기는 하지만, 정체성 자긍심 단계에 있는 사람들은 머리 위로 무지개가 넘쳐흐르고 있으므로, 우리는 그들이 이 단계에 있음을 모르려야 모를 수가 없다.

정체성 종합

우리가 애정과 인내심, 지지하는 마음을 가지고 기다리면 대부분의 LGBTQ+들은 정체성 종합 단계로 나아가게 된다. 이 단계에서도 물론 여전히 LGBTQ+로서의 자긍심을 갖고 있지만, 그것이 그들의 관심사의 전부는 아니다. 내 친구 한 명은 자신이 정체성 자긍심 단계에 있을 때 자신이 스스로 게이임을 강조하는 교수였다고 말한다. 정체성 종합 단계에 들어선 그는 이제 게이이고, 교수이며, 아버지이자, 견주고, 농구 선수이며, 와인 애호가이고, 기타 등등이다. 이제 그에게 동성애자로서의 정체성은 자신의 일부일 따름이다.

이 최종 단계에서도 여전히 분노와 공격성을 갖고 있냐고? 물론 그럴 수 있고, 거기엔 충분히 그럴 만한 이유가 있을 것이다. 그럼에도 이들의 분노는 모든 이성애자/시스젠더가 아니라, 주로 타인을 존중하지 않고 차별을 일삼는 이들을 향해 있다.

요약하자면

"토요일에 프라이드 퍼레이드에 갈 건데, 같이 갈 사람?"이라는 동료의 질문에 LGBTQ+들 각자가 커밍아웃 과정의 어느 단계에 머무르고 있느냐에 따라 얼마나 다르게 반응할 수 있는지 살펴보자.

> 정체성 혼란: "난 안 갈래, 미안."
>
> 정체성 비교: "난 안 갈래, 미안."
>
> 정체성 용인: "진심이야? 절대 안 가! 나 호모 아냐."
>
> 정체성 수용: "음… 토요일에 다른 약속이 있어서. 그치만 물어봐줘서 고마워." (그러고는 훗날 이런 문자를 보낸다. '실은 그때 너랑 같이 퍼레이드 가고 싶었어.ㅎㅎ')
>
> 정체성 자긍심: "완전 좋지! 너무 신난다!! 무지개 치마 사서 사람들 나눠줘야지!!!"
>
> 정체성 종합: "당연히 갈 수 있어. 내 파트너한테도 물어보고 알려줄게. 고마워."

이론에서 현실까지

앞에서 내가 설명한 것은 이론상의 발달 모델이다. 이제 실생활에서 커밍아웃의 현실을 들여다보자. 보통 캐스가 제시한 여섯 단계를 선형적으로, 매끄럽게 넘어가서 정체성 종합이라는 최종 단계에서 땡하고 끝맺는 식은 아니다. 캐스의 모델은 커밍아웃이라는 과정을 이해하는 데 도움이 되는 도구이기는 하지만, 사람들의 실생활 속 경험을 들여다볼 때는 명심해야 할 점이 몇 가지 있다.

커밍아웃은 일생에 걸친 과정이다

LGBTQ+들에게 커밍아웃은 단일한 사건이 아니다. 공식 커밍아웃의 날[1]에 다이애나 로스Diana Ross의 노래 〈아임 커밍 아웃〉처럼 벽장에서 '짠' 하고 나와서 다시는 벽장으로 돌아가지 않는 식은 아니다. (내가 볼 때 이것은 엄청난 일이므로 오히려 다소 비현실적인 경우다.) 커밍아웃은 일생에 걸친 과정이다.

게이인 내 친구 조너선은 몇 년 전 식료품점에서 남편에게 줄 꽃을 골랐다. 계산원이 그저 친절하게 응대하려 이렇게 말했다. "꽃이 참 예쁘네요. 아내분 선물인가 봐요?" 조너선은 그저 꽃을 사러 가게에 들어갔을 뿐인데, 점원에게 커밍아웃을 할지 말지 선택의 기로에 놓이게 되었다.

---

[1] [옮긴이] 매년 10월 11일은 LGBTQ+들의 커밍아웃을 독려하는 '커밍아웃의 날(National Coming Out Day)'로, 1988년 미국에서 처음 기념되기 시작했다.

어느 순간에건 커밍아웃을 할지 말지의 결정은 여러 가지 요소에 달려 있으며, 이때 가장 중요한 것은 안전이다. 레즈비언 코미디언인 사브리나 매슈스*Sabrina Matthews*는 이런 기억을 떠올린다. "커밍아웃의 날에 기념 티셔츠를 입고 댈러스 공항을 경유하는 비행기를 탔다. 나는 자랑스러우니까. …그리고 그 위에 스웨터를 덧입었다. 왜냐면 나는 현명하니까."[2]

우리가 언어를 통해 안전한 공간, 환대하는 공간을 만들어낼 수 있다는 생각은 매우 중요하다. 앨라이로서 우리는 모든 순간 포용적 언어의 모델을 만들고 그 중요성에 대해 다른 이들에게 교육을 제공하는 데 힘써야 한다. 사람들을 커밍아웃 아니면 거짓말의 양자택일 상황으로 몰아넣지 않는 언어 선택에 대해서는 5장에서 자세히 들여다볼 것이다.

과정이 언제나 선형적이지는 않다

캐스가 제시한 커밍아웃의 여섯 단계를 차례대로 아주 매끄럽게 거쳐나가는 사람들이 있다. 그런가 하면, 이 단계 저 단계를 뛰어다니거나 몇몇 단계를 건너뛰고, 이전 단계로 되돌아가거나, 3월에 뉴욕주 북부의 웅덩이투성이 길을 휘감으며 미끄러져 달리는 운전자처럼 그 단계들을 두루 여행하는 이들도 있다. 실제로 하루에 여러 단계를 오가는 경우도 있다. 예컨대 정체성 종합 단계에 있는 대학생이 캠퍼스에 있다고 생각해보자. 그는 친구들 모두에게 커밍아웃을

---

2 Rich Tackenberg (director), *Coming Out Party* (Studio City, CA: Ariztical Entertainment, 2003), DVD.

한 상태이며 자신의 정체성에 대해 자유롭게 말하곤 한다. 그런 다음 추수감사절이 되면 자신의 정체성을 숨기고 스스로에 대해 불행하게 느끼면서, LGBTQ+의 삶은 괜찮은 삶이 아니라고 말해온 가족이 있는 집으로 돌아간다. 이들은 어떤 사람과 함께 있는지에 따라, 그리고 얼마나 개방적이고 수용적인 환경에 놓이는지에 따라 일생 동안 여러 단계를 뛰어다니며 보낼 수도 있다.

너무 재밌어서 두 번 하기도 한다

사실 재밌다는 건 농담이지만, 확실히 어떤 이들은 커밍아웃 과정을 두 번 혹은 그 이상 거치곤 한다. 내 주변에는 처음에 시스젠더 레즈비언으로 커밍아웃했다가 이후에 이성애자 트랜스젠더 남성으로 다시 커밍아웃한 사람들이 몇 있다. 그들 대부분은 첫 커밍아웃 때 심지어 '트랜스젠더'라는 말조차 몰랐기 때문에 그들에게는 의지할 만한 정체성 단어가 없었다. (온갖 종류의 정체성 단어가 지니는 중요성에 관한 논의는 앞서 했다.) 그래서 정체성 비교 단계에 있을 때 세상을 내다보고는 '레즈비언'이라는 단어를 쥐게 된 것이다. 이들은 자신이 여성에게 끌린다는 것을 알았고, '레즈비언'은 자신에게 '이성애자'보다 훨씬 더 잘 들어맞는 말이었다. 이들 중 많은 경우가 그 상태로 정체성 자긍심 단계까지 갔다가 '트랜스젠더'라는 말을 듣게 되고 몇몇 트랜스젠더들을 만나게 되면서, 점차 자신이 남들과 다르다고 느낀 이유가 성적 지향 때문이 아니라 젠더 때문임을 깨닫게 된다. 그러면 이들은 갔던 길을 되돌아와 이성애자 트랜스젠더 남성이라는 새로운 정체성을 가지고 커밍아웃 과정을 다시 거치게 된다. 자신의 성적 지향과 젠더 양쪽을 둘러싸고 길고 복잡한 자기발견의 여정을 겪은 내 친구 션은 현재 양성애자 트랜스 남성이지만, 자기 삶의 어느 시점들에서는 LGBTQ 머리글자의 각 단어를 모두 거쳤다며 농담한다.

LGBTQ+만을 위한 것이 아니다

이 발달 모델은 애초에 시스젠더 게이 남성과 시스젠더 레즈비언의 경우를 토대로 만들어진 것이다. 그럼에도 그것은 LGBTQ+ 커뮤니티 안의 사람들뿐 아니라 그 바깥의 많은 사람들에게도 공통적으로 적용된다.

내 친구 토드는 청각장애인이다. 그의 부모님은 자신들이 토드에게 최선이라고 여긴 것만을 추구했고, 토드가 사람들의 입 모양을 읽고 말하는 법을 배워 비청각장애인의 세계에 적응할 수 있어야 한다고 주장했다. 토드는 시골에 살고 있었기 때문에 청각장애인 커뮤니티의 존재도 몰랐고, 어린 시절 동안 수어를 접해본 적이 없었다. 그는 뉴욕주 북부로 이주하고 나서야 자신과 같은 사람들을 만나게 되었다. 그는 청각장애인으로서 캐스의 커밍아웃 모델의 모든 단계를 거쳤다고 내게 말해주었다. 마침내 정체성 자긍심 단계에 이르렀을 때 그는 자신과 비슷한 사람들과 함께하고, 커뮤니티를 만나고, 이해하고, 미국 수어ASL를 자기 언어로서 품게 되는 게 얼마나 가슴 벅찬 일인지 알게 되었다고 한다. 이 경이로운 연결과 연대의 기분을 이해하지 못하는 비청각장애인 친구와 동료 들은 토드가 그 모든 청각장애 관련 정보를 접하고서 다소 '공격적'이 되었고, 그걸 조금 누그러뜨릴 필요가 있다고 느꼈다. 토드가 자신의 청각장애를 '과시한다'는 것이었다. 어딘가 익숙한 이야기 아닌가?

LGBTQ+의 가족이나 친구들 역시 이 모델이 자신에게도 적용된 다고 느낀다. 시스젠더 레즈비언인 내 친구 완다는 푸에르토리코에 서 자랐다. 열여덟 살이던 어느 날 어머니가 아침 5시에 완다를 깨 워 비행기표 한 장을 쥐여주며 뉴욕의 정신건강센터로 보냈다. 그녀 가 '고쳐질' 수 있기를 바란 것이었다. 완다는 형제자매에게 작별인 사도 하지 못했다. 그 후 완다의 어머니는 긴 시간에 걸쳐 새로운 발 견을 했고 마침내 딸과 소통하게 되어, 완다는 커밍아웃한 레즈비언 으로서 훨씬 더 행복하고 건강해졌다. 완다의 어머니는 딸의 정체성 에 대해 혼란 단계부터 시작해 비교, 용인, 수용 단계를 천천히 거쳤 던 것이다. 몇 년 후 어머니는 자긍심 단계에 접어들었고, 딸과 함께 우리 지역 자긍심 퍼레이드에 참가해 함께 행진했다! 최근에는 약 간 누그러져 딸에 대한 자긍심을 덜 '과시'하는 듯하지만, 여전히 드 랙 쇼를 매우 좋아한다. 가족이나 친구의 커밍아웃을 접한 이의 첫 반응은 해가 지나고 달이 지나면서, 어쩌면 하루하루 지나면서도 달 라질 수 있다. LGBTQ+의 친구와 가족 역시 지지자와 앨라이로서 자신만의 커밍아웃 과정을 겪어야 할 수도 있다.

커밍아웃이 언제나 즉각적인 목표는 아니다

나는 언젠가는 우리 모두가 삶의 모든 국면에서 진정한 자기 자신으로 사는 세상이 오기를 바라지만, 많은 LGBTQ+들에게 현실은 그렇지 않다. 불행히도 많은 이들이 커밍아웃하기에 안전하지 않은 환경에 처해 있다. 따라서 커밍아웃이 모든 이에게 절대적이고 필수적이며 즉각적인 목표일 것이라고 예단해서는 안 된다. 예컨대 한 청년이 여러분에게 커밍아웃을 하며 가족에게도 커밍아웃을 할까 고려 중이라고 말한다면, 그에게 부모님의 반응을 예상해보게끔 해볼 것을 권한다. 그 청년이 집을 잃거나 재정적 지원을 잃게 될 수 있다는 합리적 의심이 든다면, 이때는 커밍아웃이 목표가 되어서는 안 될지도 모른다. 그런 이야기는 청년이 기본적 필요에 대해 부모에게 덜 의존하게 될 때까지, 또 단단한 안전망과 지원 시스템을 가질 때까지 기다렸다 하는 편이 낫다.

누군가가 여러분에게 커밍아웃을 할 때 해야 할 말

LGBTQ+로 커밍아웃하는 일은 종종 두려운 일이며, 절대로 사소한 문제가 아니다. 그렇다면 누군가 여러분에게 커밍아웃을 할 때, 그것은 무얼 의미할까? 대개는 그 사람이 여러분을 매우 신뢰한다는 뜻이다. 커다란 칭찬과 같다. 그렇게 느낀다면 "고마워"라고 말하는 게 좋다. 이렇게 말할 수도 있다. "나를 믿고 그 이야기를 해줘서 고마워." 혹은 "우리 관계를 소중히 여겨줘서, 나에게 네 중요한 이야기를 알려줘서 고마워."

고마움을 표한 뒤에는 대체적으로 경청하기를 권한다. 말하고 싶은 것을 그들이 결정하게 하라. 사실 그들은 무엇에 관해서도 말하고 싶지 않을 수도 있다. 그저 누군가에게 털어놓고 응원받는 것 자체로 커다란 위안이 될 수도 있는 것이다.

어색한 침묵이 감돈다면 다음과 같은 말을 한두 가지 해봐도 괜찮다.

"축하해! 네가 그렇다니 매우 기쁘다."

"이야기하고 싶으면 언제든 내게 해줘."

"우리 사이엔 아무것도 달라질 게 없단 걸 기억해줘."

"축하할 일이잖아! 내가 맥주 한잔 사도 될까?"

비밀을 지키는 것 역시 매우 중요하다. 커밍아웃은 LGBTQ+들의 일이지 여러분의 일이 아니다. 그 사람의 정체성을 절대로 다른 이에게 공개해서는 안 된다. 커밍아웃의 대화 중에 이에 관한 이야기가 자연스럽게 나오지 않는다면 이렇게 물어볼 수도 있다. "나는 굉장히 조심하고 싶고 이 비밀을 꼭 지키고 싶어. 나 말고 다른 이들 중 누가 알고 있는지 얘기해줄 수 있을까?"

만약 트랜스젠더로서 커밍아웃을 하며 새로운 이름과 인칭대명사로 불러달라고 요청한다면, 언제 어디서 그 이름과 인칭대명사를 사용하는 게 좋을지 상의하는 일도 아주 중요하다. 때때로 이들은 사적 공간에서는 가까운 친구들에게 새 이름과 인칭대명사를 사용하며 자신을 지지해주고 자신의 정체성을 긍정해주기를 원하지만 공적 공간에서 다른 사람들과는 커밍아웃할 준비가 안 되었거나 커밍아웃을 할 만큼 안전하다고 느끼지 않기 때문에 기존의 이름과 인칭대명사를 사용할지도 모른다. 이들이 그런 상황에서 여러분에게 바라는 바를 명확히 아는 것이 중요하며, 그것이 여러분이 그들을 지지하고 안전하게 지키는 일에 얼마나 헌신적인지를 보여줄 것이다.

누군가가 여러분에게 커밍아웃을 할 때 하지 말아야 할 말

만약 누군가가 여러분에게 커밍아웃을 한다면 이런 질문은 피하도록. "확실해? 그저 지나가는 일일 수도 있어." 정말로 그저 지나가는 일일 수 있다는 생각이 들더라도 그런 말을 입 밖에 내는 것은 잘 받아들여지지 않을 것이다. 정말로 그저 지나가는 것이라면 장차 자기 스스로 겪어낼 일이다. 지금은 그것이 그의 현실이고, 우리는 그것을 존중할 필요가 있다. 만약 그저 지나가는 일이 아니라면 여러분은 정말로 그를 화나게 할 것이다.

또 한 가지 피해야 할 것은 언제 LGBTQ+가 되기로 '결심'했느냐는 질문이다. 내가 이성애자 혹은 시스젠더가 되기로 결심한 게 아니듯이, LGBTQ+들 역시 자신들의 정체성을 선택한 게 아니다. 이렇게 묻는 편이 낫다. "너는 너 자신에 관한 이 사실을 언제부터 알았어?"

대니엘 오언스레이드와 크리스틴 루소가 『동성애자 아이를 둔 부모를 위한 책』[1]에서 지적했듯, 설사 그게 사실이라 하더라도 "난 예전부터 알고 있었어"라고 말해선 안 된다. 여러분의 추리력이 탁월했단 사실에 기분이 들뜰지도 모르지만, 입 밖으론 내지 않는 편이 좋다. 여러분이 이미 알고 있었다는 이야기를 듣는다면 커밍아웃을 한 당사자는 이야기를 하기까지 그토록 오랫동안 기다려온 스스로를 바보같이 느낄 수도 있고, 여러분에게 이야기하고 싶어 하는 정보의 중요성을 축소할 수도 있으며, 그것을 그토록 명백하게 티 나게 만든 자신의 행동이 무엇이었는지 궁금해할 수도 있으며, 혹여 다른 이들도 알아보게 될까 걱정할 수도 있다.

마지막으로, 상대방의 성적 행동에 대해서 캐묻는 것을 피해야 한다. LGBTQ+들이나 그들의 커뮤니티에 대해 얘기할 때 종종 흥미로운 현상이 일어난다. 즉, 당사자의 신체 일부에 시선이 꽂히거나 그들이 침실에서 할 법한 행동에 관심이 기우는 것이다. LGBTQ+가 된다는 것은 침실에 관한 문제가 아니며, 커밍아웃을 받는 우리가 당사자의 몸이나 성생활에 대해 무례한 질문을 할 권한을 얻었다고 생각해서도 안 된다. LGBTQ+가 된다는 것은 삶의 모든 측면에서 진정한 자신으로 안전하게 살아갈 수 있게 되는 것이다. 그러

---

[1] Dannielle Owens-Reid and Kristin Russo, *This Is a Book for Parents of Gay Kids* (San Francisco: Chronicle Books, 2014).

므로 여러분에게 커밍아웃하는 게이 남성에게 "아직 남자랑 자보진 않았어?"라고 묻거나 트랜스 여성에게 "수술도 할 생각이야?"라고 묻는 것은 적절하지 않다. 누군가가 여러분에게 커밍아웃한다고 해서 그 사람의 모든 것을 알 권리가 여러분에게 생기는 것은 아니다. LGBTQ+가 침실에서 어떻게 하는지, 트랜스젠더들이 시도할 수 있는 수술은 어떤 것들이 있는지 정 궁금하다면 인터넷 검색부터 해보시길.

누군가의 커밍아웃을 받았는데 특정한 질문을 해도 괜찮은지 아닌지 잘 모르겠다면 '역지사지' 방법이 유용할 수 있다. 머릿속에서 당사자의 LGBTQ+ 정체성을 이성애자나 시스젠더로 바꾸어놓고 같은 질문을 시뮬레이션해보는 것이다. 그 질문이 예의 바르고, 힘을 불어넣어주며, 유용한가, 아니면 불쾌하고, 공격적이며, 단순히 호기심에 찬 것처럼 들리는가? 56년간 살아오면서 나는 "시스젠더로 사는 것이 그저 한때라고 생각하나요?"라거나 "여자랑 자본 적도 없으면서 어떻게 당신이 이성애자인지 아나요?"라는 질문을 받아본 적이 한 번도 없다. 우리 사회는 내가 '올바른' 삶의 노선을 따르고 있다고 믿으며, 따라서 아무도 내 성적 지향이나 젠더에 관해 질문하지 않는다.

부적절한 질문을 하지 않도록 도와줄 수도 있으니 명심하면 좋을 또 한 가지는 성적 지향과 성적 행동은 별개라는 점이다. 성적 지향은 우리가 누구에게 끌리는지에 관한 것이고, 성적 행동은 실제로 하는 행동을 말한다. 어떤 이에게 끌리는지 처음 알게 되었을 때를 생각해보자. 나는 초등학교 3학년 때부터 꽤 확고한 생각을 갖고 있었다. 그때부터 내가 섹스를 했을까? 아니다. 축구선수 대니 폭스를 볼 때마다 내 아홉 살 난 심장이 두근거린다는 것을 확인하기 위해 섹스를 할 필요는 없었다.

○ **막간 퀴즈**

다음 중 LGBTQ+들이 침실에서 하는 행동은?
 A. 섹스
 B. 독서
 C. 잠자기
 D. 이따금 청소하고 침대 정리하기
 E. 위의 것들 전부

정답: E

내 친구 한 명이 자신이 참여했던 한 워크숍에서의 경험을 들려준 적이 있다. 참가자 전원이 카드 한 면에는 자신의 성적 지향과 젠더를 적고, 다른 면에는 자신이 가장 좋아하는 성적 행동을 적었다. 그러고는 '성적 행동' 쪽이 위로 보이도록 해서 카드를 테이블에 모두 모았다. 진행자는 참가자들에게 각각의 성적 행동을 보고 그가 게이인지, 레즈비언인지, 트랜스젠더인지, 이성애자인지, 시스젠더인지 알아낼 수 있는지 질문했다. 결과는 어땠을까? 참가자들은 맞추지 못했다. 전혀 알 수가 없었다. 인간은 침실에서 매우 창의적일 수 있고 어느 그룹도 특정한 성적 행동을 장악하고 있지 않았다. 이성애자 커플 중에서도 애널섹스에 몰두하는 이들이 있을까? 그렇다. 애널섹스를 해본 적 없는 게이 커플이 있을까? 물론이다. 특정 그룹의 사람들에 관해 멋대로 가정하거나 그들이 침실에서 할 법하다고 우리가 생각하는 행위를 바탕으로 그 그룹을 단정짓는 것은 부정확할뿐더러 무례한 일이다.

나는 이성애자이며 시스젠더인 사람들에게 종종 이런 말을 듣곤 한다. "일터에서는 아무도 자기 정체성을 밝힐 필요가 없어. 그건 적절하지 않아." 그런데 실제로는 아주 많은 이성애자, 시스젠더들이 일터에서 정체성을 공개한 채 지낸다. 주말 동안 아내와 무슨 영화를 봤는지 이야기하고, 책상에 남편과 찍은 사진을 올려두고, 회사의 연말 파티에 여자친구를 데려온다. 이런 것이야말로 일터에서 자신의 정체성을 드러내는 것이다. 직장에서 정체성을 드러내는 것은 내가 파트너와 새로 발견해낸 섹스 체위에 대해 이야기하는 것이 아니다. 앨라이들의 중요한 역할은 성적 지향(우리가 일터에서 공개하는 것)과 성적 행동(우리가 일터에서는 공개하지 않는 것)의 차이를 사람들에게 이해시키는 것이다.

미래에는 이랬으면

나는 캐스의 모델을 비롯한 LGBTQ+ 정체성 발달 모델들이 없어지는 것을 볼 만큼 오래 살고 싶다. 우리의 사회적 기대가 변화하면 그런 모델들도 필요 없어질 것이다. 그날이 오면 부모, 교사, 친구, 종교 지도자 들은 아이들에게 여러 종류의 사람들과 다양한 가족 형태에 관한 이야기를 들려줄 것이고, 성적 지향이나 젠더를 상정하지 않는 언어를 사용할 것이며, 한 사람 한 사람이 누구인지, 각자가 어떤 사람이 되려고 하는지에 대해서도 지레짐작하지 않을 것이다. 그

때에는 자신이 누구인지, 누구에게 끌리는지 자각하게 된 이들 중 누구도 두려움, 수치심, 절망을 느끼지 않을 것이다. LGBTQ+ 센터들은 문을 닫거나 박물관으로 바뀔 테고, 이런 책도 더는 필요 없어질 것이다. 학생들은 전환 치료(동성애자를 이성애자로 바꾸기 위해 시도되는 치료)라든가 시시 맥도널드나 매슈 셰퍼드¹ 같은 사람들에 관한 내용은 책에서나 접하게 될 것이고, 이런 반응을 자아낼 것이다. "옛날에는 이런 일이 있었다니, 믿기지 않네." (혹시 시시 맥도널드나 매슈 셰퍼드라는 이름이 익숙하지 않다면 앨라이로서 알아두자.) 그날이 오면 LGBTQ+로 커밍아웃하는 것이 내가 시스젠더 이성애자로 커밍아웃하는 것만큼 쉬워질 것이다. 그때에는 LGBTQ+들을 전부 고쳤기 때문이 아니라 우리 사회를 고쳤기 때문에 캐스 모델은 사라질 것이다.

1　[옮긴이] 시시 맥도널드(Cece McDonald)는 미국의 흑인 바이섹슈얼 트랜스 여성이자 LGBTQ+ 활동가다. 2011년 미니애폴리스의 한 술집 앞에서 남성들에게 인종차별적, 트랜스혐오적 폭력을 당하던 가운데 그중 한 남성의 가슴을 가위로 찔렀고, 2급 과실치사 혐의로 기소되었다. 미국 와이오밍대학교 학생이었던 매슈 셰퍼드(Matthew Wayne Shepard, 1976~1998)는 1998년 10월 애런 맥키니(Aaron McKinney)와 러셀 핸더슨(Russell Henderson)에 의해 동성애자라는 이유로 납치, 구타당한 후 방치되어 사망했다.

(4장) 지향, 정체성, 행위… 맙소사!

이분법은 컴퓨터를 위한 것이다.

—아무개

여러분은 다음과 같은 질문을 한 적이 있는가? (아니면 이런 질문을 하는 것 자체가 쑥스러운가?)

"논바이너리가 대체 무슨 뜻이지?"

"트랜스젠더도 동성애자가 될 수 있나?"

"어떤 사람이 동성애자인지 아닌지 알아보는 방법이 있을까?"

"어떻게 에이섹슈얼로 정체화하면서도 섹스를 하는 사람이 있을 수 있지?"

그렇다면 이번 장은 여러분을 위한 파트다. 이 장에서는 성적 존재 혹은 성별화된 존재로서 우리가 누구인지를 구성하는 다양한 요소를 들여다보고, 매우 혼란스러울 수 있는 위와 같은 질문들에 대답해보고자 한다.

자신의 섹슈얼리티, 젠더, 정체성에 대해 오랫동안 심사숙고해왔든(대부분의 LGBTQ+들처럼), 그럴 필요가 없어서 거의 생각해본 적이 없든(대개의 시스젠더 이성애자들의 경우처럼) 간에, 우리는 모두 섹스, 젠더, 섹슈얼리티의 구성요소 다이어그램에 나타내어질 수 있다. 지금부터 이야기하려 하는 이 다이어그램은 우리의 성적·젠더적 자아를 구성하는 다섯 가지 요소, 즉 생물학적 성, 젠더 정체성, 젠더 표현, 끌림, 친밀한 관계 내 행위를 나타낸다.[1] 다섯 가지 구성요소에 대해 각각 세 개의 범주만이 제시되었지만, 각각의 구성요소가 스펙트럼 위에 있으며 수많은 사람들이 삶의 다양한 시점에 제각기 그 위를 누빈다고 생각하자.

이 장의 끝에는 이 다이어그램을 이용해 나 자신을 나타내볼 테니 즐겁게 읽어주시면 좋겠다. 각 구성요소에서 각자 자신이 어느 곳에 위치하는지도 생각해보길 바란다. 이 작업은 혼자 해봐도 좋고, 다음번 가족 저녁식사에서 다 함께 해봐도 좋을 것이다.

---

[1] 이 장에서 사용하는 기본 다이어그램은 다음에 토대를 두고 있다. Michael G. Shively and John P. DeCecco, "Components of Sexual Identity," *Journal of Homosexuality* 3, no. 1 (1977): 41-48, https://www.tandfonline.com/doi/abs/10.1300/J082v03n01_04.

섹스, 젠더, 섹슈얼리티의 구성요소를 나타내는 기본 다이어그램

생물학적 성

인간의 섹스와 젠더, 섹슈얼리티를 구성하는 첫 번째 요소는 생물학적 성이다. 우리의 생물학적 성은 재생산 체계, 호르몬, 염색체, 생식기, 2차 성징 등과 관련 있다. 신체는 생물학적으로 다양하고 복잡하다는 사실에도 불구하고, 출생 시 우리가 일반적으로 받는 평가는 의사나 산파가, 혹은 정말로 급박한 경우 택시 기사가, 우리 다리 사이를 들여다보고 대뜸 지정해주는 성별뿐이다. 우리의 외부 생식기 모양에 따라 그 평가는 "남자아이네요!" 아니면 "여자아이네요!" 혹은 "잘 모르겠는데요"로 나뉜다. 그런 식의 성별 지정이 어떤 사람들에게는 잘 들어맞고(시스젠더), 또 어떤 사람들에게는 들어맞지 않는다(트랜스젠더와 간성intersex).

다음은 생물학적 성을 연속체로 여기는 다이어그램이다.

여성 - - - - - - - - - - - - - - - - - - 간성 - - - - - - - - - - - - - - - - - - 남성

간성은 염색체 그리고/혹은 생물학적 성징(즉 생식기, 재생산 기관, 호르몬 등)이 전형적이지 않은 사람들을 지칭한다. ('정상적'이라는 말 대신 '전형적'이라는 용어를 사려 깊은 표현으로 사용하는 것을 잊지 말자.) 간성의 범주에 드는 사람들은 자연적으로 매우 다양한 모습을 가지

며, 오래전부터 존재해왔다. '자웅동체hermaphrodite'라는 구식 명칭은 훨씬 더 좁은 범위를 정의하며, 자연적 신체 변이를 낙인찍기 때문에 더는 사용되어선 안 된다. 그 단어는 머릿속에서 지워버리고 '간성'이라는 말로 대체하자.

간성의 범주에는 다음과 같은 사람들이 포함될 수 있다.

- 전형적이지 않은 생식기를 가져 출생 시 의사나 산파의 성별 지정을 받지 못한 사람들
- 출생 시 성별을 지정받았으나 이후 성인이 되어 불임 문제로 유전자 검사를 한 결과 비전형적 염색체를 가졌음을 발견한 사람들
- 출생 시 여성으로 지정받았으나 월경을 하지 않고, 10대에 난소 대신 정류고환을 가졌음을 발견한 사람들

나는 노스웨스턴대학교 의료인문학 및 생명윤리학 교수 앨리스 드레거Alice Dreger의 자연적 생물학적 변이에 관한 다음 구절을 좋아한다. "남성과 여성을 구별하는 간단한 방법은 없다. (…) 과학은 성이 골치아픈 것이라고 말한다. 다시 말해, 인간은 깔끔하게 구획되는 범주를 좋아하지만 자연은 그렇게 반듯하지가 않다."[1]

동의하지 않는다고? 선수들을 '진짜' 남자와 '진짜' 여자 범주로 나누려 하는 국제올림픽위원회가 맞닥뜨린 과제에 대해 생각해보자.

---

[1] Christopher Clarey, "Gender Test after a Gold-Medal Finish," *New York Times*, August 19, 2009.

그것은 불가능한 작업이다. 선수들을 남성과 여성이라는 이분법적 범주로 구분하기 위해 수년간 신체검사, 유전자 검사, 호르몬 수치 평가 등이 시행되었지만, 많은 선수들이 여전히 그런 방식으로는 범주화되지 않았다. 성별 검사(성염색체를 확인하는 검사)와 테스토스테론 수치 검사는 부정확하고 차별적이라는 사실이 입증되었다. '여장 남자'라고 여겨졌던 많은 선수들이 이후에는 간성으로 밝혀졌다.

나는 간성이 극히 드문 경우라고 생각했었는데, 이는 흔한 오해다. 간성은 대략 전체 인구의 1.7퍼센트를 차지한다고 추정되는데, 이는 붉은 머리카락을 타고난 사람의 비율과 같다.[2]

간성이 극히 드문 경우라는 인식은 어떻게 일반화되었을까? 한 가지 원인은 유전자 검사가 가능해지기 이전에는 출생 시 비전형적 생식기를 가진 이들만이 간성으로 여겨져왔기 때문이다. 또 한 가지 원인은 역사적으로 간성인 사람들과 그들의 신체를 매우 수치스럽게 여기며 쉬쉬해왔기 때문이다.

1960년대부터 의사들은 영아의 외부 생식기를 '정상화'하는 성형수술을 할 수 있게 되었다. 출생 시 생식기 변이를 가진 아기에게 성기 성형수술을 하는 것이 빠르게 일반화되었다. 당연히 당사자의 동의는 없이 말이다. 대개 아기들의 생식기는 질처럼 생기도록 성형되었는데, 페니스보다 질을 만드는 것이 더 쉽기 때문이었다. (요즘도 마찬가지다.) 1960년대의 사고방식에 따르면 젠더란 생물학이 아

---

2 Hida, "How Common Is Intersex? An Explanation of the Stats," Intersex Campaign for Equality, April 1, 2015, https://www.intersexequality.com/how-common-is-intersex-in-humans/.

닌 사회화 과정을 따르는 것으로, 다시 말해 본성보다는 양육이 우세했다. 따라서 생후 2일 된 영아에게 수술로 질을 만들어주고, 핑크색 옷을 입히고, 여자 이름을 붙여주고, 인형을 사주면, 아무런 문제가 없을 것이라는 식이었다. 그러나 이후 밝혀진바, 우리가 아주 어린 나이부터 인식하는 젠더 정체성은 옷 색깔과 주어진 인형 종류에 따라 달라지는 것이 아니다.[1]

○　　　**유용한 힌트**

다음번에 갓난아기를 안고 있는 사람을 본다면 "남자예요, 여자예요?"라고 묻는 대신 "너무 예쁘네요! 아기 이름이 뭐예요?"라고 물어보자.

동의를 얻지 않은 이 즉각적인 수술이 오늘날에도 일부 지역에서 이어지고 있지만 대부분의 의료 기관은 간성 영아들에게 더는 성기 성형을 하지 않고 있다. 그 대신 부모를 교육하고 지원하는 데 시간과 노력을 쏟는다. 이분법적인 세계에서, 아직 당사자의 젠더 정체성을 모르는 상태로 간성인 아이를 키우기란 무척 어려운 일이기 때문이다.

지난 10여 년간 감사하게도 나는 간성인 사람들이 더 많이 드러나고 있다는 사실을 알게 되었다. 1960년대에 태어나 성기 성형수술을 받은 많은 이들이 자신에게 자행된 일에 대해 분노하며 항의

1　Jason Rafferty, "Gender Development in Children," American Academy of Pediatrics, September 18, 2018, https://www.healthychildren.org/English/ages-stages/gradeschool/Pages/Gender-Identity-and-Gender-Confusion-In-Children.aspx.

하기 시작했다. 몇몇은 자신이 수술을 받았다는 사실을 들은 적이 없었고, 많은 이들이 자신의 젠더 정체성과 맞지 않는 몸으로 살아 가고 있었다. 이들이 용감하게도 자신들의 이야기를 들려준 덕분에 간성 커뮤니티는 낙인을 벗고 후대를 위한 더 나은 해법을 모색할 수 있게 되었다.

이 주제에 관심이 있다면 간성들이 각자 자신의 이야기를 들려주는 다큐멘터리 〈두 개이지 않은 성*Intersexion*〉(2012)과 포경수술 사고 이후 여자아이로 살도록 강요되었던 소년에 관한 실화를 다룬 『타고난 그대로*As Nature Made Him*』를 강력히 추천한다.[2]

> ○　　　　여담
>
> 누군가 아기의 성별을 "남자아이예요!" 혹은 "여자아이예요!"라고 말할 때마다 내 친구 로언은 속으로 이렇게 덧붙인다. "…지금으로선."

젠더 정체성

우리의 섹스, 젠더, 섹슈얼리티를 구성하는 두 번째 요소는 젠더 정체성이다. 젠더 정체성은 "당신은 남자입니까, 여자입니까?"라는 질문에 대한 대답으로, "남자입니다" 혹은 "여자입니다" 혹은 "음… 둘 다 아닌데요" 같은 것이 있다. 많은 사람들이 젠더 정체성은 남자 아

2　John Keir (producer) and Lahood Grant (director), *Intersexion: Gender Ambiguity Unveiled* (Kilbirnie, Wellington, New Zealand: Ponsonby Production Limited, 2012), DVD. John Colapinto, *As Nature Made Him: The Boy Who Was Raised as a Girl* (New York: HarperCollins, 2000). [존 콜라핀토, 『이상한 나라의 브렌다』, 이은선 옮김, 알마, 2014.]

니면 여자, 두 가지뿐일 거라고 생각한다. 그러나 바로 앞에서 살펴본바, 아름다울 만큼 다양한 형태의 몸이 존재하는 것처럼 아름다울 만큼 다양한 젠더 정체성 역시 존재한다.

○ 재밌는 사실

대부분의 사람들은 3~5세에 자신의 젠더 정체성을 알게 된다. 많은 트랜스젠더들은 유치원 다닐 무렵 내지는 그보다 더 이른 시기에 자신이 다른 아이들과 다르다는 감각을 처음으로 느낀다.

자신의 젠더가 남자 혹은 여자 둘 중 하나라고 여긴다면 젠더 이분법에 잘 들어맞는 경우다. 스스로를 논바이너리로 정체화하는 사람들은 젠더 이분법에 잘 들어맞지 않는 경우다. 논바이너리들은 두 가지 젠더를 모두 가지고 있을 수도 있고, 다른 젠더를 가지고 있을 수도, 여러 젠더를 가지고 있을 수도, 어떠한 젠더도 갖고 있지 않을 수도 있다. 논바이너리 범주에 들어가는 여러 정체성 중 몇 가지만 열거해보면, 젠더퀴어, 젠더 플루이드, 에이젠더, 두 영혼 등이 있다.

혼란스러워지기 시작했다면, 좋은 앨라이가 되기 위해 세상에 존재하는 모든 정체성을 반드시 알거나 낱낱이 이해할 필요는 없다는 점을 명심하자. 그 대신 30초간 춤을 추고 지구상의 여러 사람들이 지닌 다양성을 축하하도록 하자.

젠더 정체성의 구성요소를 그려보면 다음과 같다.

여자 ---------------- 논바이너리 ---------------- 남자

사람들은 이 연속선 위의 어느 곳에든 위치할 수 있다. 이 선 위에 수십억 개의 점들을 그려보도록 하자.

○ 유용한 힌트

논바이너리들은 '그*he*/그녀*she*'라는 잘 알려진 대명사를 사용할 수도 있지만, 이분법적이지 않거나 젠더중립적인 대명사를 사용할 수도 있다. 여러 가지 비이분법적, 젠더중립적 대명사들이 있지만 미국에서 현재 가장 자주 사용되는 대명사는 단수형의 그들*they*이다. 만약 여러분에게 문법 강박증(나는 이 말을 애정을 담은 용어로서 사용한다)이 있다면, 고개를 내젓거나 심지어 몸서리를 칠지도 모르겠다. 그런 고통을 극복하는 데 도움이 될 만한 정보가 있다.

'단수형 그들' 즉 they는 이제 옥스퍼드 영어사전에서 두 번째 단어 정의로 이렇게 등재되어 있다. "불특정적 젠더를 지닌 사람을 지칭할 때 사용되는 단어. 예컨대, 'Ask a friend if they could help(친구에게 도와줄 수 있는지 물어보라).'" 2019년 9월 미리엄웹스터는 온라인 사전에 they의 정의에 논바이너리를 지칭하는 대명사라는 설명을 추가했다. 그러니 문법 강박증자들이여, 여러분도 이 대명사를 사용해도 된다! 우리 대부분은 내내 they를 일상에서 부지중에 자주 사용해왔다. 예컨대, 'Oh shoot! Someone left their cell phone. I hope they get it back(저런! 누군가가 휴대전화를 두고 갔네. 그 사람이 와서 찾아가야 할 텐데).' 누군가의 젠더를 모를 때는 경험을 토대로 추측해서 말하기보다 they를 대명사로 사용하는 게 어떨까. (비이분법적 대명사의 효과적인 용례에 관해서는 5장을 보라.)

젠더 표현

출생 시 남성 또는 여성으로 지정받은 성별이 자라면서 자신의 젠더 정체성과 맞아떨어질 경우 이 모든 게 대수롭지 않게 여겨질 수 있다. 하지만 아직 무지개 모자를 벗기는 이르다. 세 번째 구성요소는 우리 대부분에게 매우 흥미로울 것이다.

젠더 표현은 우리가 젠더를 세상에 내보이는 방식과 관련 있다. 대개는 옷차림, 머리 모양, 활동, 움직임, 습관 등으로 이 작업을 수행한다. 그중 일부는 무슨 옷을 입을지, 어떤 머리 모양을 할 것인지처럼 자기 자신을 위한 의식적인 결정들일 수도 있다. 또는 습관적 몸짓이나 우리가 평소에 공간을 얼마나 차지하는지 등 타인들이 먼저 알아차리는 우리의 말과 행동일 수도 있다. 사회는 전형적으로 젠더 표현을 여성적, 남성적, 중성적androgynous(여성적이지도 남성적이지도 않거나, 그 두 가지가 섞인)으로 분류한다.

여성적 ----------------- 중성적 ----------------- 남성적

젠더 표현은 시간이 흐르고 나이가 들어가면서 달라질 수 있다. 날마다 다르게 젠더를 표현할 수도 있다. 또 우리 문화와 사회에서 여성적이라고 여겨지는 행동과 남성적이라고 여겨지는 행동을 동시에 드러내 보일 수도 있다. 예컨대 손톱을 기르고 빨갛게 칠한 여자가 자동차 보닛을 열고 엔진오일을 갈고 있는 사진을 떠올려보자.

엔진오일을 갈고 있는 여자에 관한 위 문장을 읽으면서 '대체 누

가 무엇이 남성적이고 여성적인지 정하는 거지? 누가 엔진오일 가는 행위를 남성적 행위로 규정하는 거지?' 하며 살짝 화가 나거나 불만스럽게 느꼈을 수 있다. 화난 것을 이해하고, 거기에 동감한다. 나도 그런 종류의 규정에 매우 짜증이 난다. 대체 누가 그걸 정한단 말인가? 정말 모를 일이다. 이와 비슷하게, 나는 모든 명사가 남성형 또는 여성형으로 구분되는 나라(예컨대 프랑스어에서 테이블은 여성형으로 규정된다)에서는 새로운 명사가 생겼을 때 어떻게 하는지 궁금했던 적이 있다. 전화기가 발명되었을 때 그것을 남성형으로 할지 여성형으로 할지 정하는 '젠더위원회'라도 있었던 걸까? 그렇다면 너무나도 이상한 일이다.

경험을 토대로 한 추측은 남성적 혹은 여성적이라는 꼬리표의 유래를 밝혀내는 데 도움이 될 수 있다. 생물학적 요인에 따라 여자들은 전통적으로 아기를 돌보고, 요리를 하고, 집 안을 가꾸는 일을, 임신과 수유에서 자유로운 남자들은 사냥과 중노동을 담당해왔다. 따라서 이런 역할들이 성별화된 과정을 이해하기는 비교적 쉽다. 그러나 악기라든가 색깔 등에도 젠더를 부여하게 된 것은 어째서, 언제부터, 왜인가?

이 사실이 매우 언짢음에도, 우리는 쉽게 색깔, 옷, 활동, 습관 등을 성별화해 열거할 수 있다. 우리 모두가 이런 성별화를 '알고' 있으며 사례들은 일상에 넘쳐난다.

또 한 가지 주목할 점은 남성적 혹은 여성적으로 여겨지는 것들의 목록이 사회와 문화에 따라 매우 다르다는 것이다. 한 사회와 문화에서 남성적으로 통하는 행위가 다른 곳에서는 여성적으로 여겨질 수도 있다. 런던에서 한쪽 어깨에 서류가방을 걸친 남자가 길을 걷는다고 했을 때, 그것은 남성적 행위로 여겨진다. 같은 남자를 미시시피강 인근의 시골에 옮겨놓을 경우, 그는 꽤 여성적이라고 여겨질 것이다. 몇몇 나라에서는 남자들끼리 우정의 표시로 손을 맞잡고 다닌다. 그 밖의 나라들에서 서로 손을 잡은 두 남자는 욕설, 때로는 폭력의 대상이 되기 쉽다.

이런 성별화는 자연적인 것이 아니라 분명히 문화적·사회적인 것이고, 내 생각에는 말도 안 되는 것이다. 하지만 놀랍게도 이 힘은 매우 강력하다. 그것은 정체성과 무관하게 우리 모두에게 영향을 미친다. 필시 우리 모두 살면서 한 번쯤은 (혹은 수도 없이) "남자애들은 그런 거 하는 거 아니야"라든가 "여자애들은 그러면 안 돼" 같은 말을 들었을 것이다. 어린 시절 나는 여성스러운 것들을 더 자주 하도록 시시때때로 '지도'받았다. 초등학교 3학년 때 각자 악기를 한 가지씩 골라야 해서 드럼을 선택했더니, 그 즉시 드럼은 '남자 악기'이니 다른 것을 고르라는 지적을 받기도 했다. 플루트나 클라리넷이 여자아이들이 고를 만한 악기라는 것이었다. 당시 나는 '선머슴'이라는 단어를 알지도 못했고 그런 게 되고 싶지도 않았기에, 그대로 순응했다. 나는 클라리넷을 골랐고(연주 실력은 형편없었다), 필수 교육 기간이 끝나자 바로 그만두었다. 나는 차세대 링고 스타가 될 수도 있었지만 젠더 규범에 가로막히고 말았던 것이다!

내 유년기에는 젠더 규제gender policing라고 알려진, 엄격하게 규정된 젠더 범주 안에 들어야 한다는 사회적·문화적 압박이 심했는데, 지금도 별반 다르지 않다. 우리 모두가 그 압박을 받았으며, 우리 아이들도 같은 압박을 받고 있다. 젠더 규제는 우리의 창의성을 제한하고 우리가 우리 자신으로 살아갈 능력을 제한한다. 극심한 고통, 공포, 자기혐오, 동성애혐오, 양성애혐오, 트랜스혐오의 한가운데 젠더 규제가 자리한다.[1]

많은 경우 동성애혐오/양성애혐오/트랜스혐오적 행위들(예컨대 욕설, 괴롭힘, 폭력)은 당하는 당사자의 성적 지향이나 젠더 정체성이 아니라 '젠더 표현'에 의해 촉발된다. 그 행위들은 수위가 매우 높은 젠더 규제다. 여덟 살짜리 소년이 플루트를 불고, 운동을 좋아하지 않으며, 핑크색 셔츠를 좋아한다고 생각해보자. 이 아이는 학교에서 괴롭힘 당하기 쉽고, 아마도 종종 '게이'라고 불릴 것이다. 이 아이는 자신의 성적 지향을 아직 모를 수도 있다. 그저 충분히 '남성적'이지 않다는 이유로 괴롭힘을 당하는 것이다.

몇 년 전 어느 날 이곳 뉴욕주 북부에서 친구 사이인 시스젠더 이성애자 남성 두 명이 바에 앉아 맥주를 마시고 있었다. 바에 있던 다른 남자 두 명이 그 둘의 젠더 표현에 관해 무언가를 알아보고는 그들이 게이 커플이라고 단정지었다. 두 친구가 바에서 나가려 하자,

---

1 [옮긴이] 국내에서는 주로 2000년대 중고등학교를 중심으로 청소년 성소수자를 '색출'하고 징계하기 위한 젠더 규제가 있었는데, 이를 '이반 검열'이라고 불렀다. 여학생이 머리가 짧다는 이유로, 혹은 동성끼리 손을 잡고 다닌다는 이유로 교사들에게는 체벌이나 징계를, 또래들에게는 따돌림 및 괴롭힘 등 폭력을 당하는 식으로, 청소년들은 젠더 표현을 통제당했다. 다큐멘터리 〈이반 검열〉(이영 감독, 2005)과 〈OUT: 이반 검열 두 번째 이야기〉(2007)에서 그 증언을 들어볼 수 있다.

남자 둘은 갑자기 다가가 동성애혐오적 욕설을 퍼붓고 그들을 심하게 폭행했다. 이 두 명의 시스젠더 이성애자 남성은 성적 지향이 아닌 젠더 표현에 기반한 동성애혐오적 폭력의 희생자다.

따라서 젠더 표현이라는 연속체적 범주에서 우리 대부분은 한쪽 끝이 아니라 그 사이의 특정 지점에서 겪은 개인적 경험을 갖고 있다. 거의 모든 사람들이 어느 때건 남성적 습관과 여성적 습관이 섞인 행동과 머리 모양, 옷차림, 활동, 움직임을 보인다. 이 글을 쓰고 있는 지금 나는 '소위' 여성적인 긴 머리카락에, 남성적인 스웨트셔츠와 여성적인 레깅스를 입고, 한쪽 다리를 책상에 올려놓는 극도로 '숙녀답지 못한' 자세를 하고 있다. 나는 섞여 있는 사람이다!

지금까지 살펴본 세 가지 구성요소를 정리해보면 다음과 같다.

생물학적 성

여성 - - - - - - - - - - - - - - - - - - - 간성 - - - - - - - - - - - - - - - - - - - 남성

젠더 정체성

여자 - - - - - - - - - - - - - - - 논바이너리 - - - - - - - - - - - - - - - - 남자

젠더 표현

여성적 - - - - - - - - - - - - - - - - 중성적 - - - - - - - - - - - - - - - - 남성적

질문: 위 세 가지의 공통점은?

답: 모두 우리 자신에 관한 내용이다.

이제 우리는 타인과 관련한 영역으로 넘어가 끌림과 친밀한 행위라는 두 요소를 살펴보려 한다. 두 요소는 종종 헷갈리고, 앞서 살펴본 세 요소와 융합되기도 하지만, 엄연히 우리 정체성을 구성하는 개별적 요소들이다.

끌림 (혹은 지향)

끌림은 (만약 있다면) 어떤 이가 자신의 심장을 뛰게 만드는지에 관한 것이다. 때로 이 범주는 '성적 지향'이라고 불리기도 하지만, 모든 지향과 끌림이 성적인 것은 아니기 때문에 나는 그냥 '끌림'이라고 부르겠다. 우리의 끌림은 성적일 수도 있고 낭만적(혹은 '애정적affec-tional')일 수도 있다. 어떤 이들은 낭만적 끌림과 애정적 끌림을 별개의 것으로 느끼기도 하지만 대부분의 사람들은 그 둘을 같은 것으로 여긴다. 이 책에서는 모호함을 피하기 위해 그 둘을 같은 것으로 여기고, 서로 바꿔 쓸 수 있는 용어로 사용하려 한다.

일반적으로 성적 끌림은 우리가 성적 활동(열정적인 키스, 성관계, 구강성교 등등)을 함께하고 싶어 하는 사람과 관련 있다. 낭만적·애정적 끌림은 우리가 정서적이고 애정적인 행동(손잡기, 끌어안기, 전화로 장시간 수다 떨기 등등)을 함께하고 싶어 하는 사람과 관련 있다. 만약 여러분이 같은 유의 사람들에게 성적으로도 낭만적으로도 끌리며 두 끌림의 종류를 정확히 구분할 수 없다고 느끼는 사람이라면 의아할 수도 있겠지만, 어떤 이들에게는 이 두 가지 끌림이 서로 다르다는 사실을 아는 것이 매우 중요하다.

아직 못 들어봤다면, 앞으로는 사람들이 각각의 끌림을 구분하는 것이 들리기 시작할 것이다. 예컨대 어떤 여성은 자신이 이성애자이자 바이로맨틱*biromantic*이라고 설명할 수 있다. 이 말은 이 여성이 성적 행위는 남성과만 하기를 원하지만 낭만적·애정적 행위는 남성과도, 여성과도 하고 싶어 할 수 있다는 뜻이다. 또 어떤 남성이 자신을 무성애자이자 헤테로로맨틱*heteroromantic*이라고 설명할 경우, 어떤 사람과도 성적 행위를 하고 싶어 하지 않지만 여성과는 낭만적·애정적 행위를 함께하고 싶어 한다는 뜻이다.

사람은 아무에게도 끌리지 않을 수도, 누구에게나 끌릴 수도, 특정한 타입의 사람에게만 끌릴 수도 있다. '…수도 있다'라는 표현에 주목하자. 나는 이성애자다. 이 말이 내가 눈 앞의 모든 남성에게 끌린다는 뜻은 아니다. 그저 남성에게 끌릴 가능성이 있다는 뜻이다.

성적 끌림을 정의하는 많은 방식 중에 게이, 레즈비언, 바이섹슈얼(양성애자), 팬섹슈얼(범성애자), 에이섹슈얼(무성애자), 헤테로섹슈얼(이성애자) 등이 있다. 낭만적 끌림을 정의하는 많은 방식 중에는 호모로맨틱, 바이로맨틱, 팬로맨틱, 에이로맨틱, 헤테로로맨틱 등이 있다.

다음은 끌림 혹은 지향이라는 요소를 나타내는 다이어그램이다.

남성에게 끌릴 수 있음	남성과 여성 모두에게 끌릴 수도, 그 누구에게도 끌리지 않을 수도 있음	여성에게 끌릴 수 있음

'팬섹슈얼'은 무엇을 의미하는가?

　A. 디즈니 캐릭터들에게 성적으로 끌릴 수 있음.

　B. 취사도구에 성적으로 끌릴 수 있음.

　C. 젠더에 관계없이 누구에게나 성적으로 끌릴 수 있음.

정답: C

'팬섹슈얼*pansexual*'은 누구에게나 끌릴 수 있는 사람을 말한다. 팬섹슈얼들이 자신의 성향을 '신체가 아니라 마음*hearts not parts*'에 끌리는 것으로 설명하는 경우들을 보아왔다. 팬섹슈얼이 바이섹슈얼과 다른 점은 무엇이냐고? 좋은 질문이다. 전혀 다르지 않을 수도 있다. 정체성이란 사람마다 각기 다른 것을 의미한다는 사실을 기억해보자. 두 사람이 같은 타입의 끌림을 지녔다 하더라도 그들 각자가 사용하는 정체성 단어는 서로 다를 수 있다. 그렇다면 이미 '바이섹슈얼'이라는 용어가 있는데 왜 굳이 또 다른 용어가 필요하냐고? 어떤 사람들에게 바이섹슈얼이라는 단어는 너무 이분법적으로 여겨질 수 있다. 정의가 계속해서 변하고는 있지만, 바이섹슈얼이라는 단어는 원래 남성과 여성 양쪽으로만 끌리는 사람을 뜻했다. 만약 자신을 남성으로도 여성으로도 정체화하지 않는 논바이너리들에게 끌릴 경우에는 어떻게 할까? 이때 '팬섹슈얼'이라는 단어는 그런 이분법적 사고를 벗어나게 해준다. 이제는 바이섹슈얼이라는 단어를 다음과 같은 방식으로 정의하는 경우를 많이 볼 수 있다. "나는 나와 같은 젠더의 사람들, 그리고 나와 다른 젠더를 가진 사람들에게 끌린다." 이것이 '바이'(두 개의 선택지)가 그들을 설명해주는 방식이다. 다시 말하지만, 이 이야기의 요는 사람들이 이 용어들을 어떻게 정의하고 어떻게 사용하는지를 경청해야 한다는 것이다.

친밀한 행위

친밀한 행위는 우리가 실제로 하는 행동을 말한다. 그것은 성적인 행동일수도, 낭만적인 행동일 수도 있다. 이제 우리 모델의 마지막 구성요소를 살펴보자.

남성과 함께 ------ 남녀 둘 다와/둘 중 한쪽과 함께 ------ 여성과 함께
/누구와도 함께하지 않는

성적 행동과 낭만적 행동이 언제나 자신의 끌림과 일치하는 것은 아니다. 끌림과 친밀한 행위라는 두 가지 요소는 여러 가지 이유로 일치하지 않을 수 있다. 그중 한 가지 이유는 사회적 압박 때문이다. 예컨대 자신이 게이임을 자각하고 있는(끌림) 한 10대 소년은 남들에게 자신이 이성애자라고 증명하기 위해 가능한 한 많은 여자아이들과 잘 수 있다(행위). 요소들이 서로 일치하지 않는 또 한 가지 이유는 한 번에 모든 끌림을 따라야 할 필요는 없기 때문이다. 예컨대 팬섹슈얼 기혼 여성이 현재 자신의 남편과만 성적 행동을 하고 있다고 해서 갑자기 이성애자가 된 것이라 할 수는 없다. 이 여성의 끌림 혹은 성적 지향은 팬섹슈얼로 변치 않았다.

ㅇ 막간 퀴즈

학교 주차장에서 서로 키스하고 있는 두 10대 소녀가 있다. 그들은 자신을 무엇으로 정체화할까?

A. 레즈비언
B. 이성애자. 그저 자신의 남자친구들이 그런 모습을 섹시하게 여기기 때문에 키스하는 것뿐이다.
C. 바이섹슈얼이거나 팬섹슈얼.

D. 퀘스처닝.

E. 우리는 전혀 알 수 없다.

정답: E

나는 여러분이 이 퀴즈의 답을 알 것이라고 확신한다. 어떤 행동 하나를 봤다고 해서 그 사람이 어떻게 정체화하고 있는지, 그 행동의 동기가 무엇인지, 그 사람이 누구에게 끌리는지 알 수 있는 것은 아니다.

LGBTQ+들에 관한 많은 오해의 핵심을 끌림과 행위를 혼동하는 데서 비롯된다. 앞서 3장에서 언급했듯, 사람들은 LGBTQ+에 관해 무슨 이야기라도 듣게 되면 곧장 성적 행동과 연관지어 생각하곤 한다. 바로 이런 식이다. "내가 동성애자들을 싫어하는 게 아니야. 침실의 문제를 굳이 남들에게 알리려 하지 않았으면 하는 거지." 내 생각에는 이것이 현재 미국 유초중등 교육기관에서 LGBTQ+ 정체성과 포용적 감수성에 대한 적절한 필수 교육이 이루어지지 않는 주요한 이유 중 하나인 것 같다. 학부모와 교사들은 그것이 성적 행동에 관해 이야기해야 하는 시간이 될까 봐 두려워하는 것이다.

다섯 가지 요소들을 전부 표현한 모델은 다음과 같다.

생물학적 성

여성 -------------------- 간성 -------------------- 남성

젠더 정체성

여자 ----------------- 논바이너리 ----------------- 남자

젠더 정체성

여자 - - - - - - - - - - - - - - - - - 논바이너리 - - - - - - - - - - - - - - - - - 남자

젠더 표현

여성적 - - - - - - - - - - - - - - - - - 중성적 - - - - - - - - - - - - - - - - - 남성적

끌림

남성에게 끌릴 수 있음	남성과 여성 모두에게 끌릴 수도, 그 누구에게도 끌리지 않을 수도 있음	여성에게 끌릴 수 있음

친밀한 행위

남성과 함께	남녀 둘 다와/둘 중 한쪽과 함께 /누구와도 함께하지 않는	여성과 함께

앞의 네 가지 요소(생물학적 성, 젠더 정체성, 젠더 표현, 끌림)는 어디에서나 드러날 수 있고, 우리 자신을 구성하는 한 부분이다. 그것들은 일터에서도, 학교에서도, 식료품점에서도 드러날 수 있다. 다섯 가지 중 친밀한 행위는 일터나 학교에서 드러나서는 안 되는 유일한 요소다.

끌림과 친밀한 행위를 구분하기 쉽게 하기 위해 아주 구체적으로 예시를 하나 들어보겠다. 내가 학교 교사이고 한 학생이 "선생님, 주말에 뭐 하셨어요?"라고 질문했다고 가정해보자. "남편이랑 끝내주는 섹스 체위를 새로 개발했어." 이 경우 나는 내 친밀한 행위를 밝

힌 것이다. 그러면 안 된다. 그러나 "아내랑 정말 좋은 영화를 한 편 봤어"라고 대답할 경우, 내 끌림 혹은 지향과 관계된 파트너의 존재 여부를 밝힌 것으로, 이 정도는 괜찮다.

끌림과 행위를 구분하는 것은 보건의료 관련 기관에서 일하는 사람들에게 특히 매우 중요하다. 보건의료계 종사자가 사람들을 돌보는 데 필요한 정보를 얻기 위해서는 반드시 올바른 질문을 해야 한다. 따라서 성 매개 감염질환을 검진할 때의 질문은 당사자의 성적 행위에 관한 것이어야지, 그가 자신의 지향을 어떻게 정체화하고 있는지에 관한 것이어서는 안 된다. 보건의료계 종사자들이 이런 질문 자체를 건너뛰거나(모든 사람이 이성애자라고 가정한다) 환자의 지향에 대해 묻는("당신은 LGBT인가요?") 경우가 너무나 많다. '남성과 섹스를 하는 남성'을 뜻하며 주로 유색인 커뮤니티에서 사용되는 MSM이라는 용어가 만들어진 이유가 바로 이 때문이다. 이성애자로 정체화하지만 남성과 섹스를 하는 남성들은 의료 기관에서 그들의 성적 행위를 파악하지 않기 때문에 필요한 서비스를 받지 못하고 있다. 보건의료계 종사자들은 환자를 온전히 치료하기 위해 필요한 정보가 무엇인지 생각해보고, 입원수속 양식을 만드는 데 그 정보를 활용해야 한다.

끌림과 행위의 차이를 이해하고 다른 이들에게 그것을 설명할 수 있는 능력은 더 포용적이고 더 나은 세상을 만드는 데 있어 앨라이가 맡을 수 있는 효과적이고도 중요한 역할이다.

나는 어디쯤 위치할까?

앞서 약속했듯, 독자 여러분에게 즐거움을 드리기 위해 섹스, 젠더, 섹슈얼리티의 구성요소를 나타내는 기본 다이어그램을 이용해 내 위치를 표시해보겠다. 솔직히 처음 이 다이어그램을 접했을 때 나는 다음과 같은 생각을 했었다. '나한텐 너무 시시한 작업인걸? 나는 아주 평범해서 전부 한쪽 편에 위치할 것 같군.' 그러나 실제로 해보니 매우 놀라웠다.

생물학적 성

유전자 검사를 받아본 적은 없지만 재생산 능력이 있고 두 명의 아이를 만들어낸 바 있기 때문에, 이렇게 표시할 수 있을 것 같다.

여성 - 간성 - 남성
나

젠더 정체성

나는 내 젠더 정체성에 관해 질문해본 적이 없다. 의사가 "여자아이네요!"라고 했고, 그것이 언제나 나에게 잘 맞는 설명이었다. 그래서 이렇게 표시할 수 있겠다.

여자 - - - - - - - - - - - - - - - - - 논바이너리 - - - - - - - - - - - - - - - - - 남자
나

젠더 표현

이 부분이 나는 흥미로웠다. 나는 우리 사회와 문화에서 매우 여성적이라고 여겨지는 여성(예컨대 하이힐을 신고, 레이스 속옷을 입고, 화장을 한)을 볼 때 이렇게 생각한 적이 많았다. '남자를 보고 느끼는 거리감만큼 그런 여성스러운 여성들을 보면서도 거리감을 느끼지만, 나는 내가 여성임을 알고 있다. 대체 왜지?' 이 다이어그램을 보기 전까지 나는 이 혼란을 설명할 언어가 없다고 느꼈다. 어느 날 카페에서 친구 하나가 냅킨에 이 다이어그램을 그려 보여줬을 때 나는 분명 각성의 순간을 맞았다. 나는 여성이고 언제나 그 사실을 알고 있었다. 나를 혼란스럽게 한 것은 나의 젠더 표현이었던 것이다.

젠더 표현의 다이어그램 위에 나 자신을 표시하는 작업에 대해 진솔하게 생각해보면서, 나는 내 젠더 표현이 넓은 범위에 걸쳐 있으며 상황과 처한 환경에 따라 다양하게 변화한다는 사실을 깨달았다. 예를 들면, 워크숍 진행을 위해 격식을 차려 옷을 입을 때나 저녁식사를 하러 나갈 때는 좀 더 여성성을 표현하는 경향이 있지만, 그 밖에 평상시의 젠더 표현은 훨씬 더 남성적이다. 그러므로 다음과 같이 표시할 수 있다.

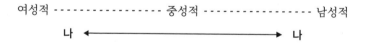

끌림

처음에 이 다이어그램을 보았을 당시 내가 알고 있던 유일한 지향은 성적 지향이었기 때문에 나는 당연히 '남성에게 끌림'에 표시했다. 그때 이후, 나는 끌림에 대해 더 깊이 이해하게 되었다. 애정적 끌림에 관해 알게 되면서 나는 문득 과거에 내가 여자아이들과 여성들에게 반했던 적이 있음을 떠올렸다. 그렇지만 내가 그 여성들과 섹스를 하고 싶은 것은 아니었기 때문에, 나는 당시 매우 혼란스러웠다. 그럼에도 나는 그들을 우러러보았고, 그들이 나에게 관심을 기울이면 매우 흡족해했으며, 솔직히 고백하자면 그들과 손잡기나 껴안기 등 15세 이상 관람가 등급 정도의 행위는 할 수 있었다. 따라서 다음과 같이 표시하겠다.

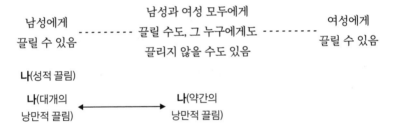

여기서 나는 이 모델의 설계상의 결함을 발견했다. 그것은 섹슈얼리티 및 젠더 교육자 샘 킬러먼*Sam Killermann*이 '속성-*ness*' 모델을 개발한 이유이기도 하다. (이에 관해서는 곧이어 다룬다.)

친밀한 행위

자, 드디어 여기까지 왔다. 이성애자는 실제로 침대에서 무엇을 하느냐면…. 가끔 허벅지 뒤쪽에 쥐가 나는데도 불구하고 내가 좋아하는 체위는 내 오른쪽 다리를… 아차, 이런 건 공적으로 드러내면 안 되는 내용이다. (여러분이 집중하고 있는지 확인하고 싶었을 뿐이다.) 그저 나는 친밀한 행위를 전부 남성과 함께해왔다고만 말해두겠다.

남성과 함께 ------- 남녀 둘 다와/둘 중 한쪽과 함께
/누구와도 함께하지 않는 ------- 여성과 함께

나(성적 행동)

나(낭만적 행동)

섹스, 젠더, 섹슈얼리티의 구성요소를 나타내는 심화된 다이어그램

앞서 나는 내 위치를 표시하면서 설계상의 결함을 발견했다고 이야기했다. 그럼에도 기본 다이어그램에 대해 설명한 가장 큰 이유는 그것이 매우 단순하다는 장점이 있기 때문이다. 당신이 앨라이로서 다른 이들이 섹스, 젠더, 섹슈얼리티의 구성요소들을 이해하도록 돕고자 한다면, 그리고 그들이 이 정보를 처음 접한다면, 기본 다이어그램은 매우 유용하다. 그러나 거기엔 분명히 몇 가지 결함 또한 존재한다.

기본 다이어그램의 한 가지 결함은 선형적 연속체를 설정한 후 한쪽에 '여성/여자/여성적/남성에게 끌림/남성과 함께'를 배치하고 다른 쪽에 '남성/남자/여성에게 끌림/여성과 함께'를 배치한다는 점이다. 이에 따라 그 양측에 해당되지 않는 모든 것은 '중간'이 되는 것이다. 그게 왜 문제냐고? 우선, 모든 '흔치 않은' 것들을 중간에 두면서 양쪽 끝을 규범처럼 보이게 한다.

기본 다이어그램의 또 다른 약점은 중간에 있는 것들이 역시 중간에 있는 다른 것들과 매우 다르다는 것인데, 그 점을 입증할 방법이 없다. 예컨대, 에이섹슈얼(대개 성적 끌림을 느끼지 않는다고 정의된다)과 팬섹슈얼(대개 누구에게나 끌릴 수 있다고 정의된다) 둘 다 이 기본 다이어그램에서는 중간에 위치하지만, 그 둘의 지향은 서로 매우 다르다.

샘 킬러먼은 '속성' 모델이라고 부르는 심화된 다이어그램을 만들었다.[1] 그 모델에서 구성요소들은 유동적인 척도로 표시된다. 킬러먼의 다이어그램도 완벽하지는 않지만 '중간'과 관련한 문제점은 해결해주는데, 그 이유는 그의 모델에는 '중간'이라는 게 없기 때문이다. 예를 들어, 끌림이라는 요소의 경우 서로 길이가 다른 화살표를 사용해 한 사람이 여성에게 끌리는 정도와 남성에게 끌리는 정도를 동시에 표시할 수 있다. 그러므로 에이섹슈얼인 사람과 팬섹슈얼인 사람의 다이어그램은 각각 매우 다르게 표현된다.

---

1 Sam Killermann, *A Guide to Gender: The Social Justice Advocate's Handbook*, rev. and updated ed. (Austin, TX: Impetus Books, 2017), ch. 13.

성적 끌림에 대한 에이섹슈얼인 사람의 다이어그램은 다음과 같이 표현될 수 있다.

◎ → 여성 그리고/혹은 여성적인 사람 그리고/혹은 여자에게
◎ → 남성 그리고/혹은 남성적인 사람 그리고/혹은 남자에게

그리고 팬섹슈얼인 사람의 성적 끌림은 예컨대 다음과 같이 표현될 수 있다.

◎ ──────────→ 여성 그리고/혹은 여성적인 사람 그리고/혹은 여자에게
◎ ──────────→ 남성 그리고/혹은 남성적인 사람 그리고/혹은 남자에게

'속성' 모델은 기본 다이어그램에서 갖기 쉬운, 양쪽 끝이 서로 반대항이라는 생각을 떨칠 수 있게 해준다. 남자와 여자, 남성과 여성, 남성적인 사람과 여성적인 사람은 서로 반대항이 아니다. 킬러먼의 말처럼 "한쪽을 좀 더 많이 가지는 것이 꼭 다른 쪽을 덜 가지는 일일 필요는 없다."[2] 만약 내가 사냥(우리 사회에서 남성적이라고 여겨지는 활동)을 한다고 해서 그것이 반드시 내가 덜 여성적이라는 뜻이 되는 것은 아니다. 기본 다이어그램에서는 남성적인 쪽으로 더 많이 가 있을 경우 필연적으로 여성적인 쪽에서부터는 멀어지게 되어 있다. '속성' 모델에서는 다음과 같이 각 속성에 해당하는 정도가 개별

2 앞과 같은 책, 249.

적으로 표현될 수 있다.

젠더 표현

◎ ──────▶ 여성성
◎ ──────▶ 남성성

내가 내 성향을 표시하다가 발견한 기본 다이어그램이 지닌 또한 가지 결함은 서로 다른 종류의 끌림 혹은 지향을 구분하지 않는다는 점이다. 킬러먼의 '속성' 모델은 성적 끌림과 낭만적(혹은 애정적) 끌림 두 가지에 대한 척도를 각각 지니고 있다. 따라서 바이로맨틱인 게이 남성의 경우 다음과 같이 끌림을 표현할 수 있다.

성적 끌림

◎ ▶   여성 그리고/혹은 여성적인 사람 그리고/혹은 여자에게
◎ ──────▶ 남성 그리고/혹은 남성적인 사람 그리고/혹은 남자에게

낭만적 끌림

◎ ──────▶ 여성 그리고/혹은 여성적인 사람 그리고/혹은 여자에게
◎ ──────▶ 남성 그리고/혹은 남성적인 사람 그리고/혹은 남자에게

앨라이로서 우리는 사람들이 자신의 섹스, 젠더, 섹슈얼리티를 어떤 다이어그램이 가장 잘 이해하도록 도와줄지에 관해 생각해봐야

한다. 일반적으로 나는 기본 다이어그램은 이 주제에 관해 여태껏 별로 생각해본 적이 없는 이들에게 추천할 만하고, 심화 다이어그램은 더 고차원적이고 더 미묘한 대화에서 유용하다는 사실을 알게 되었다. 만약 여러분이 이 주제에 심취해 섹슈얼리티와 젠더에 관해 더욱 많은 것을 알고 싶을 경우 샘 킬러먼의 책 『젠더 길잡이: 사회 정의 옹호자의 편람』을 읽어보기를 권한다. 귀한 정보가 가득하면서도 매우 재미있게 읽을 수 있는 책이다(88쪽 각주 참고).

우리의 질문에 대한 답변

지금까지 우리의 섹스, 젠더, 섹슈얼리티를 구성하는 요소들을 살펴보았으니 이제 이 장 도입부에서 던졌던 네 가지 질문에 대한 답을 구해보자.

'논바이너리'가 대체 무슨 뜻이지?

'논바이너리'는 전형적으로 두 종류로 분류되는 남성과 여성이라는 젠더 이분법 중 어느 쪽에도 들어맞지 않는 사람들을 지칭한다. 논바이너리로 정체화하는 사람들은 스스로를 젠더가 없는 사람, 남성이나 여성이 아닌 다른 젠더를 가진 사람, 두 가지 젠더를 모두 가진 사람, 여러 가지 젠더를 가진 사람 등으로 설명할 수 있다. 논바이너리들은 they와 같은 젠더중립적인, 혹은 젠더가 없는 대명사를 사용하기도 한다.

트랜스젠더도 동성애자가 될 수 있나?

물론이다. '트랜스젠더'는 젠더와 관련된 것이고, '동성애자'는 끌림 혹은 지향과 관련된 것이다. 그 둘은 서로 완전히 별개다. 트랜스젠더는 동성애자일 수도 이성애자일 수도 있고, 팬섹슈얼일 수도 에이섹슈얼일 수도 바이섹슈얼일 수도 있다. 시스젠더인 사람들과 마찬가지로 그중 무엇이라도 가능하다.

이제 LGBT라는 용어가 각각 표상하는 정체성이 지향-지향-지향-젠더에 관한 것임을 알 수 있을 것이다. 'Q' 혹은 '퀴어'는 지향에 해당할 수도 젠더에 해당할 수도 있고, 둘 다일 수도 있다(91쪽 표 참고).

게이 트랜스젠더 남성 혹은 레즈비언 트랜스젠더 여성이 있을 수 있다는 사실은 많은 사람들은 혼란스럽게 만들 것이다. 나는 종종 이런 질문을 받아왔다. "출생 시 여성으로 지정받은 트랜스 남성이 남성에게 끌린다면, 그는 대체 어째서 그냥 여성으로 살지 않는 건가요?" 나는 이 질문에 이 남성이 우리의 젠더 범주에서 게이 트랜스 남성보다 이성애자 여성으로 훨씬 더 잘 들어맞으리라는 생각이 깔려 있다고 본다. 이 동성애혐오적이고 트랜스혐오적인 세상에서 이 사람은 왜 그토록 어려운 트랜지션을 겪고 게이 트랜스 남성으로서 녹록지 않은 삶을 살아가겠는가? 그것은 자기 자신일 수 없는 삶을 사는 것이야말로 말할 수 없이 고통스러운 삶이기 때문이다. 우리는 결코 우리의 젠더와 지향을 편의에 따라 선택할 수 없다. 게이 트랜스 남성은 자신이 남성이며, 남성으로서 남성과 친밀해지고 싶어 한다는 것을 인지하고 있다. 다음과 같은 내 설명이 지향과 행동을 혼동하는 것으로 들릴 수 있음에도, 많은 사람에게 유용할 수는 있다. 아주 단순하게 말하자면, 지향은 우리가 누구랑 자느냐이고, 젠더 정체성은 우리가 누구로서 그와 자느냐이다.

어떤 사람이 동성애자인지 아닌지 알아보는 방법이 있을까?

간단하다. 여러분은 알아볼 수 없다. 그저 그의 '젠더 표현'만을 볼 수 있을 뿐이다. 독자가 어떤 추측을 하든 이 책은 책임질 수 없다. 그래도 기어이 추측을 해야겠다면 스스로 책임을 지도록.

어떻게 에이섹슈얼로 정체화하면서도 섹스를 하는 사람이 있을 수 있지?

에이섹슈얼들은 성적 행동에 거의 혹은 전혀 관심이 없다. 그렇다고 해도 그 사실이 그들이 실생활에서 어떤 성적 행동을 하는지/안 하는지를 말해주지는 않는다. 그들이 섹스를 즐기는 사람과 파트너 관계에 있을 수도 있고, 그 파트너를 위해 그런 행동에 참여하기로 선택할 수도 있는 것이다. 섹스를 하지 않는 것은 금욕 생활(행동)이며, 성적 끌림을 느끼지 않는 것은 무성애(지향)이다.

용어와 정체성 타입

정체성 용어	레즈비언	게이	바이섹슈얼	트랜스젠더	퀴어
정체성 타입	지향	지향	지향	젠더	둘 중 하나, 혹은 둘 모두

앨라이라면 삼가야 할 것들

- 우리는 호기심이 많은 사람들이지만 추측은 위험하다. 타인에 대해 우리가 일반적으로 보거나 아는 것은 그들의 '젠더 표현'일 뿐이다. 나머지, 즉 생물학적 성, 젠더 정체성, 끌림, 친밀한 행위 등에 관해 추측하려 하지 말자. 앨라이로서 우리가 상대방을 존중하려면 그에 대해 알아야 하는 것들—그가 어떻게 불리거나 지칭되고 싶어 하는지 등—에 집중해야 한다.

- 직장이나 학교에서 커밍아웃을 했다는 것은 거짓말하거나 기만적으로 살고 싶지 않고 진정성 있게 살고 싶다는 뜻이다. 성적 행동에 관해 이야기하는 것과는 다르다. 커밍아웃은 절대 '침실에 관한 주제'가 아니다. LGBTQ+들은 시간과 장소에 상관없이 언제나 LGBTQ+다.

- 젠더 규제가 없을 때 우리 모두가 훨씬 더 자유롭고 진정성 있는 삶을 살게 될 것이다.

2부

상대를 존중하는
대화의 기술

(5장) LGBTQ+ 에티켓

서로에게 친절하라!

—빌 S. 프레스턴(영화 〈엑설런트 어드벤쳐〉에서)

이제 유용한 정보다. 이번 장에서는 여러분이 용어집의 모든 단어를 까먹었거나 LGBTQ+에 속하는 여러 정체성에 대해 하나도 모른다 하더라도 LGBTQ+들과 정중하게 대화를 이어나갈 수 있도록 해주는 실용적인 화법을 제시해줄 것이다. LGBTQ+들과(혹은 그 주제에 관해 누구와든) 존중에 기반한 대화를 하는 데 가장 좋은 팁 여섯 가지를 들어보려 한다.[1] (이것은 모두를 존중하는 환경을 만들기 위해 앨라이들이 여러 사람과 공유할 만한 중요한 지침이다.) 이미 이 팁들을 장착했다면, 그걸 가지고 세상에 나가도록.

---

1   이 팁들은 아웃 얼라이언스(Out Alliance)의 트레이닝 자료 "LGBTQ+들을 존중하기(Being Respectful to LGBTQ+ People)"를 토대로 수정한 것이다.

첫 번째. 상대방의 용어를 반영해 말하라

내가 가장 선호하는 팁이자 LGBTQ+ 커뮤니티의 사람들뿐 아니라 모든 이들에게 존중감을 보여줄 수 있는 가장 중요한 방법부터 이야기해보겠다. 상대방이 자신을 나타낼 때 어떤 용어를 쓰는지 사려 깊게 듣고 그 용어를 사용하자. 이것은 아주 간단하면서도 필수적인 일이다.

누군가 여러분에게 이렇게 말했다고 치자. "퀴어 여성으로서 나는 사람들이 내가 이성애자라고 지레 넘겨짚을 때면 곤란해져요." 이때 만약 내가 다음과 같이 반응한다면 이 여성에게 내가 자신의 말을 경청하지 않는다는 것을 증명하는 셈이다. "맞아요. 나 역시도 그런 잘못들을 범하곤 해요. 당신은 레즈비언이니 내가 언어 습관을 교정할 수 있도록 조언을 해줄 수 있을까요?" 이것이야말로 넘겨짚은 발언이고, 상대방에게 꼬리표를 붙인 것이다. 내가 그 용어 목록을 사용할 때는 주의해야 한다고 경고하지 않았던가! 스스로 이렇게 생각하기는 쉽다. '이 사람은 여성을 좋아하는 여성임이 분명해. 그러니 틀림없이 레즈비언이겠지. 그 용어를 써야겠다.' 그러나 이 사람은 자기 자신에 대해 말할 때 '퀴어'라는 단어를 썼다. 그렇다면 나는 그 말에 귀 기울이고 그 사람에 대해 말할 때 똑같이 그 단어를 사용했어야 했다.

상대방이 자신의 가족이나 사랑하는 사람을 지칭할 때도 그들의 용어를 반영해 말하는 것이 매우 중요하다. 만약 내가 직장 동료를 우리 집 파티에 초대했고, 그가 들어오면서 "이쪽은 제 남편 제이비어입니다"라고 말했는데 내가 "여러분! 이쪽은 마크의 파트너 제이비어랍니다"라고 한다면, 나는 이번에도 상대의 말을 경청하지 않은 것이자 존중에 기반한 대화를 위한 팁을 활용하지 않은 것이다. 나는 마크가 사용한 용어를 반영해 제이비어를 그의 남편이라고 소개했어야 했다.

여기서 주목해야 할 중요한 사항이 하나 더 있다. 만약 누군가와 상대가 쓰는 용어와 정체성 단어를 사용하면서 대화를 잘 나눴다고 해서 다음번에 다른 사람도 같은 용어를 사용하리라 단정해서는 안 된다. 다시 말해, 첫 번째 사례의 여성이 자신을 설명할 때 '퀴어'라는 용어를 사용했다고 해서, 그다음에 어느 자리에서 커플인 두 여성을 만났을 때 그들을 퀴어라고 지칭해서는 안 된다. 그런데 그들이 어떻게 스스로를 정체화하는지 모를 경우 뭐라고 지칭해야 좋을까? 그럴 경우 정체성 용어 자체를 사용하지 않는 편이 낫다. 그저 이렇게 말하면 어떨까. "나 지난주에 네가 연 파티에서 멋진 커플을 만났어. 그 여자분들 이름이 뭐였더라?"

○ **막간 퀴즈**

앞서 말한 사례의 퀴어 여성은 누구와 섹스를 할까? 그녀는 여성과만 섹스를 할까? 아니면 여성과도 하고 남성과도 할까? 그녀는 젠더에 상관없이 섹스를 할까? 그녀는 섹스 자체를 하기는 할까? 다음 중 해당하는 것을 모두 고르시오.

A. 그녀는 여성과만 섹스를 한다. 그렇지 않다면 자신이

바이섹슈얼이라거나 팬섹슈얼이라고 말했을 것이다.
B. 물어보지 않고선 알 길이 없다.
C. 우리가 관심 가질 필요가 없다.

정답: B와 C

물어보지 않고선 알 길이 없으며(그녀를 아주 잘 알고 매우 친밀한 게 아니라면 물어보지도 말자), 우리가 관심 가질 필요도 없다(그녀의 주치의가 아니라면 말이다). 그녀가 우리에게 말해준 내용에서 알 수 있는 것은 그녀가 스스로를 이성애자로 정체화하지 않는다는 것이 전부다. 우리는 그녀가 누구에게 끌리는지, 누구와 섹스를 하는지, 섹스 자체를 하는지 알 수 없다. 우리는 그저 그녀가 스스로를 퀴어로 정체화한다는 것을 알고 있으며, 그것이 우리가 그녀와 혹은 그녀에 관해 존중에 기반한 대화를 할 때 알아야 할 전부다.

두 번째. 언어에서 젠더를 걷어내라

워크숍을 할 때 사람들에게 언어에서 젠더를 걷어내라고 조언하면 예외 없이 이렇게 말하는 사람들이 있다. "한 신사분에게 그의 아내에 대해 물어봤더니, 그분이 자신에게는 남편이 있다고 정정해주던데요. 그게 별문제는 아니지 않나요?"

질문하는 위치에서는 그게 별문제가 아닐지 몰라도 그 기혼 남성에게는 별문제일지 아닐지 알 수 없다. 자신이 남성과 결혼했다는 사실을 밝히기 전에 그의 머리에는 무슨 생각들이 스쳤을까? 짜증? 불편함? 걱정? 그가 자신의 안위를 걱정하지는 않았을까? 다른 누군가가 듣고 있지는 않은지 주변을 살피지는 않았을까? 실제로는 그에게 별문제가 아니었을 수도 있지만, 많은 사람에게 그것은 꽤 큰 문제다.

내가 진행하는 워크숍에서 이 팁에 대해 반발한 참가자 중 한 명은 초등학교 교사였다. 나는 학교라는 배경 속 어린아이의 경우로 각본을 바꿔 '역지사지' 기술을 적용해보려 했다. 겨울방학을 맞은 반 학생들에게 그가 인사말로 "연말연시 잘 보내렴" 대신 "메리 크리스마스"라고 한다고 가정해보라고 했다. 그중에는 무심히 손을 흔들며 "저희 가족은 하누카'를 기념해요"라고 말하는 학생도 있겠지만, '선생님은 모든 사람이 다 크리스마스를 챙긴다고 생각하시는 걸까? 어쩌면 하누카는 크리스마스보다 덜 중요하거나 덜 가치 있는 걸지도 모르겠다. 어쩌면 선생님은 유대인들을 별로 안 좋아하시는지도. 나는 하누카를 기념한다고 말하지 않는 게 낫겠어'라고 생각할 수도 있다고 나는 그에게 이야기해주었다.

때때로 '역지사지' 기술은 매우 효과적으로 작동하며 순간적으로 깨닫게 해준다. 불행히도 위 경우에는 그렇지 못했다. 이 교사는 그럼에도 대개의 학생들이 크리스마스를 기념하므로 자신은 반 학생들에게 '메리 크리스마스'라고 인사하겠다고 말했다. 실망이었다. (변화의 씨앗을 심고 사람들이 배우도록 하는 과정에 관한 7장의 논의를 참고하라.)

언어에서 젠더를 걷어낸다는 팁으로 돌아가자. '나는 앨라이입니

---

1   [옮긴이] 유대교 명절의 하나로, 히브리력 9번째 달 25일부터 8일간 이어진다.

다'라는 문구가 적힌 커다란 무지개 배지를 셔츠에 달고 있지 않은 한(물론 나는 이 방법을 매우 추천한다), 이 팁은 LGBTQ+들에게 당신이 그들의 존재를 인지하고 있으며 그들을 지지한다는 사실을 알려주는 가장 좋은 차선책이다. 단언컨대 LGBTQ+와 그들이 사랑하는 사람들은 이 모든 것을 보고 듣고 있다.

몇 달 전, 나는 비행기에서 옆자리에 앉은 여성과 각자의 목적지에 관해 대화를 나눈 적이 있다.

"저는 덴버로 가요. 제 딸이 결혼을 하거든요"라고 그녀는 말했다.

나는 "우와! 축하드려요! 따님이 선택한 파트너가 마음에 드세요?"

그녀는 잠시 머뭇거리다가 이렇게 말했다. "네, 마음에 들어요. 그리고 '파트너'라는 말을 써주니 기분이 참 좋네요. 딸애가 여자와 결혼하거든요."

만약 내가 "사위가 마음에 드세요?"라고 물었다면 그녀는 내 질문을 바로잡아주었을 수도 있고, 아니면 그저 "네, 뭐"라고 간단히 답하고 고개를 돌려 좌석 등받이에 꽂힌 비상시 착륙 안내문을 읽는 시늉을 했을 수도 있다. 요컨대 나는 '파트너'라는 단어를 사용함으로써 그녀에게 자신의 딸이 누구와 결혼하는 것이든 내가 들을 준비가 되어 있음을 언어적으로 알려준 것이다.

모든 사람이 이성애자일 거라는 가정(즉, 이성애규범성)은 매우 흔하며, 반드시 상대에게 상처를 주려는 의도는 아닐 것이다. 그리고 나를 포함해 우리 모두가 이에 관해 떳떳하지 못하다. 3장에서 언급한, 식료품점에서 남편에게 줄 꽃을 사던 내 친구 조너선을 기억해보자. 계산원이 "꽃이 참 예쁘네요. 아내분 선물인가 보죠?"라고 말했을 때의 상황을 좀 더 들여다보자.

만약 조녀선이 아내를 위해 꽃을 사는 것이었다면 그저 "네"라고 대답하고선 이 질문이 누군가에게 어떤 스트레스 혹은 공포를 줄 수 있는지 전혀 모른 채 지나갔을 것이다. 그러나 남편을 위해 꽃을 사는 것이었던 조녀선은 계산원의 언어 때문에 궁지에 몰린다. 그에게는 세 가지 선택지가 있다.

> 거짓말하기: "네. 아내에게 주려고요."
> 말 돌리기: "방금 제 토마토 떨어뜨리셨어요."
> 커밍아웃하기: "아뇨. 실은 제 남편에게 줄 거예요."

많은 LGBTQ+들에게 매우 불안한 순간이다. 만약 친구들에게는 커밍아웃을 했지만 부모님에게는 하지 못했다면 어떻게 해야 할까? 부모님도 아직 모르는 자신의 지향을 식료품 점원에게 이야기해야 하는 걸까? 만약 극도로 동성애혐오적인 사람이 바로 뒤에 줄 서 있어 이 대화를 듣고 있다면 어쩔 것인가? 그 사람이 LGBTQ+들에게 해코지를 하거나 심지어 주차장까지 따라와서 폭력을 휘두를 수도 있지는 않을까?

젠더를 걷어낸 언어를 사용할 경우 우리는 누군가를 곤혹스럽게 만드는 상황을 피할 수 있고, 더 안전한 환경을 만들 수 있으며, 사람들에게 시스젠더 이성애자로 살아가는 것만이 유일한 삶의 방식이 아님을 우리가 인지하고 있다는 사실을 알려줄 수 있다.

상대방이 어떻게 정체화하고 있는지 혹은 어떻게 불리기를 원하는지 모를 경우 삼가면 좋을 어휘들 중에는 남편, 아내, 여자친구, 남자친구, 숙녀분, 신사분, 남자들, 미스터, 부인, 양, 남자 사장님*Sir*, 사모님*Ma'am* 등이 있다.

상대방이 어떻게 정체화하고 있는지 혹은 어떻게 불리기를 원하는지 모를 경우 사용하면 좋을 어휘들에는 파트너 혹은 파트너들(폴리아모리인 사람들의 존재를 잊지 말자), 애인 혹은 애인들, 특별한 이(들), 중요한 타인(들)*significant other(s)*, 중요한 이(들)*important person(people)*, 사람들, 팀, 친구들, 여러분 등이 있다.

○　　**막간 퀴즈**

다음 중 계산원이 조녀선과 스몰토크를 하기에 가장 적절한 방식은 무엇인가?

　A. "꽃이 참 예쁘네요. 아내분 아니면 남편분 선물인가 보죠?"
　B. "꽃이 참 예쁘네요. 파트너분 선물인가 보죠?"
　C. "꽃이 참 예쁘네요. 받으시는 분은 참 좋겠어요."

정답: C

A는 좀 더 포용적이기는 하지만, 여전히 조녀선을 곤혹스럽게 만든다. 이 말은 또한 모든 사람을 남성 혹은 여성으로 나눌 수 있다고 가정한다. 4장에서 논했듯 모든 사람이 둘 중 하나인 것은 아니다. B는 A보다는 낫지만, 듣는 이를 곤혹스럽게 만들어 불안감을 조장할 가능성이 여전히 있다. C가 가장 좋다. 누구에게 줄 선물인지 손님이 이야기하고 싶으면 할 수도 있으면서, 공적 공간에서는 밝히지 않을 여지 역시 두는 말이다. 그저 미소 짓고 "네" 하고 말아도 되는 것이다.

첫 번째 팁과 두 번째 팁을 결합하라

이제 첫 번째 팁에서 배운 것(상대방의 용어를 반영하라)과 두 번째 팁에서 배운 것(언어에서 젠더를 걷어내라)을 결합할 차례다. '파트너'란 말을 사용하는 것이 앞서 살펴본 마크와 제이비어의 사례에서는 적절치 않았던 반면 내 경우에 비행기 안에서는 괜찮았던 이유가 무엇인지 궁금할 수도 있겠다. '파트너(들)'은 상대방이 사랑하는 사람(들)의 젠더를 모를 경우 사용하면 좋을, 젠더 구분이 없는 용어다. 그러나 상대방이 자신이 사랑하는 이를 어떻게 지칭하는지에 관한 정보를 알게 되었을 경우 그 용어를 사용하는 것이 그를 존중하는 방법이다. 다음은 가장 좋은 단계별 실천 가이드다.

> 1단계: 젠더 구분이 없는 단어를 던지며 대화를 시작한다.
> 　　　예) "제 파티에 파트너 혹은 파트너들을 데려오셔도
> 　　　환영입니다."
> 2단계: 사람들이 어떻게 반응하는지 경청한다.
> 　　　예) "정말 감사해요. 전 아내와 함께 갈게요."
> 3단계: 사람들이 자기 자신과 자신이 사랑하는 이를 정체화하는
> 　　　단어를 반영해 그대로 말한다.
> 　　　예) "잘됐네요! 아내분을 뵙기를 기대하고 있을게요."

세 번째. 모두에게 적용 가능한 시스템을 만들라

더욱 포용적이기 위한 노력으로 '덧붙이기' 기법을 사용하는 경우를 매우 자주 발견한다. 다음과 같은 식이다.

> 저희 컨퍼런스에 등록해주셔서 감사합니다. 이 자리가 모든 이를 환대한다는 사실을 꼭 말씀드리고 싶습니다. 다음 중 해당되는 것에 전부 표시해주세요.
> ☐ 수어 통역이 필요합니다.
> ☐ 점심식사로 채식 식단을 선택하고자 합니다.

이 시스템은 필요 사항을 확인하고('채식 식단이 필요해') 새로운 선택지를 추가하는 방식이다. 그렇지만 휠체어를 탄 이들은 어떻게 해야 할까? 땅콩 알러지가 있는 사람들은? 필요 사항이 발생할 때마다 항목을 추가할 것인가, 아니면 모두에게 적용 가능한 시스템을 만들 것인가? 모두에게 적용 가능한 시스템이란 예를 들면 다음과 같은 것이다.

> 저희 컨퍼런스에 등록해주셔서 감사합니다. 이 자리가 모든 이를 환대한다는 사실을 꼭 말씀드리고 싶습니다. 식단과 관련한 제한 사항이 있거나 접근성에 대한 필요 사항이 있는 분은 말씀해주십시오.

☐ 식단 제한 사항 그리고/혹은 접근성 필요 사항이 있습니다.
연락 바랍니다.

'덧붙이기' 기법은 대화 시에도 자주 발견된다. 일반적으로 우리는 상대방의 젠더에 관한 가정을 하면서 살아간다. 젠더가 명확하게 드러나지 않는 이를 마주하기 전까지는 우리가 이미 그런 가정을 한다는 사실 자체를 자각하지 못하는 경우도 많다. 그래서, 모두에게 적용 가능한 시스템을 아직 만들지 못했다면 우리는 어색하게 '덧붙이기'를 하곤 한다. 옆 사람에게 슬쩍 "저 사람 남자예요, 여자예요?"라고 물어보고야 마는 것이다.

젠더가 불명확해 보이는 이와 함께 있는 상황에서는 먼저 이렇게 자문해보는 게 좋다. '내가 저 사람의 젠더를 알 필요가 있는가?' 그리고 '저 사람의 젠더가 이 대화에 중요한 정보인가?' 많은 경우 답은 '아니요'다. 상대방의 젠더를 모르더라도 대부분의 상황에서 대화를 순조롭게 이어나갈 수 있다.

'리Lee'라는 이름의 신규 회원이 상담을 받으러 사무실을 방문했다고 치자. 리와 직접 이야기할 때는 그를 지시하는 대명사를 모르는 채로도 대화를 잘 이어나갈 수 있다. 대화 중에는 리에게 직접 말하므로 2인칭 대명사를 사용하면 되기 때문이다. "선생님, 보험증은 가져오셨나요?" 젠더 구분 없는 용어 만세!

그럼에도 존중에 기반한 대화를 하기 위해서는 사람들이 자기 자신을 어떻게 지칭하는지 실제로 알아야 할 때가 있다. 리에 '관해서'

이야기할 때 어떤 대명사로 그를 지칭해야 할까? 예를 들어 한 직원이 리의 복장, 머리카락 길이, 헤어스타일, 목소리 등으로 미루어 "지금 그의*his* 보험증을 복사하는 중입니다"라고 할 수도 있다. 리의 보험증에 적힌 젠더 표기를 살짝 엿보고는 그것이 리의 젠더를 아는 가장 확실한 방법이라고 생각했을 수도 있겠다. (힌트: 그건 확실한 방법이 아니다.) 이 모든 정보를 바탕으로 한 사무실 직원의 추측은 맞아떨어질 수도 있고, 아니면 아주 어긋나서 리를 하루 종일 불쾌하게 만들 수도 있다. 이런 상황에서는 젠더 중립 대명사를 사용하는 편이 낫다. "지금 그분의*their* 보험증을 복사하는 중입니다."

젠더 중립 대명사로서의 'they'는 누군가의 젠더를 알지 못하는 상황에서 사용하면 좋다. 이보다 더 좋은 방법은 '모든 이'에게 어떻게 불리고 싶은지 물어보는 시스템을 보강하는 것이다. 상담 센터를 찾는 모든 내방객에게 '어떻게 불러드리면 좋을까요?' 혹은 '어떤 대명사를 사용하십니까?'를 추가적으로 묻는 질문지를 작성하게 한다면 사람들의 젠더를 오인하는 불상사를 미연에 방지할 수 있을뿐더러 그 센터가 LGBTQ+에 관한 인식과 지지를 바탕으로 운영되고 있음을 나타낼 수 있다.

때때로 고객이 그 질문을 정확히 이해하지 못할 수도 있으므로, 몇 가지 예시를 들어주면 도움이 될 것이다.

당신을 존중하고자, 저희가 당신을 어떻게 부르면 좋겠습니까?

(예: 스미스 부인, 존스 박사, 톰)

어떤 대명사를 사용하십니까? (예: 그, 그녀, 그들*they*)

만약 어떤 내방객이 이와 관련된 정보를 밝히기를 꺼린다면, 이역시 좋다. 그것은 모든 내방객에게 묻는 기본 질문이며 대답은 선택 사항임을 알려주도록 하자. 원한다면 숙련된 앨라이로서의 기술을 발휘해, 이곳을 가능한 한 더 포용적인 공간으로 만들고자 이 문항들을 신규 내방객 작성 양식에 넣었다고 설명해줄 수도 있겠다.

나는 시스젠더이고 세상을 살아가는 데 특권을 가지고 있으며 사람들이 내 젠더에 대해서 추측할 때면 거의 항상 제대로 맞추곤 한다. 하지만 '사모님'이나 '게인스버그 부인'이라고 불리는 것은 매우 싫다. 하물며 잘못된 젠더 용어로 불렸을 때 얼마나 상처받을지 나는 상상도 할 수 없다. 다시 말해, 내가 실제론 남성인데 '사모님'이나 '게인스버그 부인'이라고 불린다면 훨씬 더 상처받을 것 같다. 모든 사무소에서 직원들이 내방객을 부르는 호칭을 선택할 수 있는 양식을 마련해두면 좋겠다. '모든 이'를 존중을 담아 부르는 법을 배우는 데 아주 좋다.

이런 양식을 마련해두기가 어려운 상황에서는 어떻게 이런 상호작용을 만들어낼 수 있을까? 경찰관이 어떤 이를 검문하는 상황을 들여다보자. 경찰관들은 보편적으로 '사장님*sir*'과 '사모님*ma'am*'을 사용하도록 훈련된다. "안녕하세요, 사모님. 제가 왜 불러세워서 딱지 끊는지 아시죠?" 물론 '사장님', '사모님', '미스터', '부인' 등으로 불리기를 좋아하는 사람도 있다. 많은 사람에게 이 호칭들은 존중의 표시로 통한다. 어떤 이는 젠더를 구분하는 공식 언어로 불리기를 원하고 어떤 이는 젠더 구분이 없는 용어로 불리기를 원하는 세상에서 우리는 그러면 어떻게 해야 할까? 다시 한번 강조하지만, 가능하다면 언제나 물어보자. 눈으로 봐서는 확실하지 않은 사람들에게만이 아니라 '모두'에게 질문을 하자.

앞서의 경찰관과의 대화가 좀 더 적절하게 진행되었다면 어떤 식일지 살펴보자.

> 경찰관: 안녕하세요. 먼저, 선생님을 뭐라고 불러드리면
>   좋을까요?
> 지니: 지니라고 불러주세요.
> 경찰관: 지니, 제가 왜 불러세워서 딱지 끊는지 아시죠?

어떠한가?

네 번째. 정확한 이름과 대명사를 사용하라

어쩌면 이번 팁은 매우 분명한 것일 테다. '그들이 원하는 대로 지칭하라.' 새로 온 동료가 명찰에는 '윌리엄'이라고 쓰여 있지만 '빌'이라고 자신을 소개한다면,[1] 아마도 당신은 그를 빌이라고 부를 것이다.

1 [옮긴이] 빌(Bill)은 윌리엄(William)의 애칭이다.

아주 간단하다. 그러면 좀 더 헷갈릴 수도 있는 몇 가지 상황을 살펴보자.

여러분이 자말이라는 법적 이름을 가졌으나 재스민이라고 불리기를 원하는 한 트랜스젠더 직원의 상사라고 생각해보자. 어떻게 해야 할까? 우선, 그를 재스민이라고 부른다. 그리고 아직 묻지 않았다면 "어떤 대명사를 사용하면 좋을까요?"라고 물어야 한다. 이때 여러분 자신이 스스로에 대해 사용하는 대명사를 먼저 이야기하면 분위기를 더욱 편안하게 만들 수 있다. "저는 '그녀'를 제 대명사로 사용하는데, 재스민은요?" 덧붙여 이런 상황에서는 재스민의 이름과 대명사를 다른 동료들과 어떻게 공유하면 좋을지에 대해 재스민과 따로 대화를 나눌 필요가 있다. 마지막 실천 팁은 꼭 알아야 할 필요가 있는지를 기준으로 따져서, 재스민의 법적 이름을 가급적 비밀에 부치는 것이다.

나는 많은 트랜스젠더 동료들과 함께 일을 해왔다. 어떤 이들은 법적으로 이름을 변경했고, 어떤 이들은 그러지 않았다. 동료로서 나에게 그것은 중요하지 않았다. 나는 그들의 현재 이름을 사용했다. 나는 그들의 이전 이름이 무엇이었는지, 혹은 가관이게도 그들의 '진짜' 이름이 무엇인지 묻지 않았다. (이건 매우 무례하다. 흔히 저지르는 실수들에 대해서는 8장을 참고하라.)

모든 명찰과 사원증, 이메일 계정에 법적 이름을 표기하는 것을 방침으로 삼는 기관이나 회사도 있다. 매우 구리지만, 일부 직장의 현실이다. 만약 여러분의 직장이 이렇다면, 앨라이로서 행동하는 데 도움이 되는 조언이 몇 가지 있다.

- 직원들을 제대로 부르기 위한 창의적인 '임시방편'을 직원들과 함께 마련하거나, 그렇게 할 수 있도록 경영진에게 요청하라. 예컨대, 직원들 명찰 아래에 '빌이라고 불러주세요' 혹은 '재스민이라고 불러주세요'라는 문구가 적힌 리본을 단다든가 하는 방법이 있다.
- '─라고 불러주세요'라는 리본을 여러분 자신의 명찰에도 달아 그 문화를 표준화시키고 다른 이들도 그렇게 하도록 독려하라. 그러면 트랜스젠더 직원들이 눈에 띄게 두드러지는 상황을 방지할 수 있다.
- 향후 더욱더 포용적인 직장이 되도록 장기적으로 근본적인 해결책을 모색하라. 경영진이나 총괄 부서와 현재의 사내 방침에 대해 이야기하며 그것이 어떤 직원들에게는 문제적일 수 있음을 알린다. 법적 이름을 명찰에 사용한다는 방침과 기존의 개인정보 보호 방침에 대해 조정이 가능한지 질문한다. 변화의 수호자가 되자. ('임시방편'과 '근본적인 해결책'에 관해서는 10장에서 더 자세히 다룬다.)

상대방의 현재의 올바른 이름과 대명사를 사용하는 것은 그 사람의 과거를 지칭할 때도 필요한 일이다. 다음과 같은 생각이 든다면 머릿속에서 그런 사고 회로를 끊어버리자. '내 동료 앨리스가 다섯 살일 때 그녀는 남자였으니, 정확히 하려면 앨리스의 어릴 적에 대해 이야기할 때는 앨프리드로 바꿔 지칭하고 그라는 대명사를 써야겠군.' 이것은 결코 좋은 생각이 아니고, 배려하는 행동도 아니며, 실제로 그럴 경우 어쩌면 앨리스에게는 안전과 관련한 심각한 문제로 다가올 수 있다.

○ **막간 퀴즈**

트랜지션을 하기 전에 메달을 딴 올림픽 철인 10종 경기 금메달리스트에 관해 말할 때 정확하고도 존중에 기반한 태도를 갖추려면 다음 중 어떻게 말하는 것이 가장 좋을까?
  A. 브루스 제너가 올림픽 금메달을 땄다.
  B. 케이틀린 제너는 과거 브루스였을 시절에 올림픽 금메달을 땄다.
  C. 케이틀린 제너는 올림픽 금메달을 땄다.

정답: C

설사 메달을 땄을 당시 케이틀린 본인이 다른 이름과 대명사로 자신을 지칭했다는 사실을 우리가 알고 있다 하더라도, 그녀의 현재 이름과 정체성을 과거에 대해 이야기할 때도 그대로 사용하는 편이 더 정확하고 존중에 기반한 화법이다.

만약 카페에서 큰 소리로 "앨리스, 네가 앨프리드였던 시절에 스포츠 팀 같은 데서 운동한 적 있어?"라고 묻는다면 가청거리 내의 모든 사람에게 앨리스를 아웃팅한 셈이고, 그로써 그녀를 잠재적 위험에 빠뜨린 것이다. 그리고 회사의 개인정보 보호 정책을 위반한 것일 수도 있다. 불행히도 우리 현실은 매우 동성애혐오적이고 바이혐오적이며 트랜스혐오적인 세상이다. LGBTQ+ 커뮤니티에서 폭력의 피해자가 될 위험부담을 가장 크게 지는 이들은 트랜스젠더 여성들이다. 그중에서도 유색인 트랜스젠더 여성은 더 그렇다.[1] 여러분의 작은 말실수가 엄청나게 끔찍한 결과를 초래할 수 있다. 이때, 정확하게 말하고자 했다는 의도는 존중 없는 언어 사용에 대한, 혹은 누군가를 위험에 빠뜨릴 수 있는 상황을 만드는 것에 대한 변명이 될 수 없다.

이런 말을 종종 듣는다. "그냥 법적으로 이름을 변경했으면 훨씬 간단한 것을." 트랜스들이 법적 이름을 변경하기 위해 겪어야 할 온갖 고충, 예컨대 시간을 엄청나게 잡아먹으며, 큰 비용이 들고, 위압적이며 때로는 모욕적이기까지 한 절차를 여기서 일일이 설명하지는 않겠다. 그저 놀랄 만한 사실을 미국의 경우에 한해 몇 가지만 알려드린다.

- 많은 주에서 법적 이름 변경 사항과 그 사람의 현주소를 누구나 알 수 있도록 신문지상에 공표하도록 되어 있다. 많은 이들이 자신의 트랜지션 사실과 집 주소를 이토록 공개적으로 밝히는 데 두려움을 갖고 있다.
- 많은 주에서 법적 이름 변경을 하려면 법원에 청원을 해야 한다. 판사는 트랜스젠더의 신청을 기각할 수 있고, 실제로

---

[1] Human Rights Campaign, "Violence against the Transgender Community in 2018," https://www.hrc.org/resources/violence-against-the-transgender-community-in-2018.

많은 판사들이 그러고 있다.

• 사회보장 카드, 운전면허증, 출생증명서, 여권 등 많은 신분
  증명상의 이름 변경을 위해서는 전부 각각 신청서를 제출해야
  한다. 담당 기관마다 신청 양식은 제각각이다.
  총 비용은 보통 수백 달러이고, 이는 많은 이들에게 엄두내지
  못할 재정적 부담이다.

법적으로 이름을 변경하기로 결정하지 못하는 데에는 다른 개인
적 사유가 더 많이 있을 수 있다. 내가 아는 분 중에 자기 정체성을
직장에서 밝히는 것이 안전하지 않다고 여기는 여성이 있다. 그녀는
집에 있거나 친구들과 함께 있을 때에만 진정한 자기 자신으로 있
는 편이 안전하다고 느꼈다. 그렇다고 해서 그녀가 직장에서 커밍
웃하여 지원을 받고 있고 법적 이름 변경을 할 정도의 재정을 가진
이보다 트랜스로서의 자각이 부족하다고는 절대로 할 수 없다. 앨
라이로서 우리는 언제나 상대방이 선택한 자신의 이름을 법적 변경
절차를 거쳤든 아니든 올바르게 부르도록 애써야 한다.

마지막으로 명심해야 할 것은 한 사람이 자신을 정체화하는 방식
(젠더 정체성)과 그의 옷차림 및 헤어스타일(젠더 표현)은 별개라는 사
실이다. 우리는 결코 이런 식의 생각을 하면 안 된다. '흠. 재스민이
오늘은 넥타이를 맸네. 그러니 예전 이름인 자말이라고 부르는 게
맞겠지.' 재스민이 사회적으로 남성적이라고 간주되는 차림새를 했
다고 해서 그녀의 젠더 정체성이 바뀌었다고 볼 수는 없다. 사람들

은 각자 다양한 방식으로 자기 자신을 표현한다. 그게 그들의 정체성을 바꾸지는 않는다.

다섯 번째. 자신의 미숙함을 받아들이라

앨라이로 활동하기 시작한 초기에 나는 이런 말을 들은 적이 있다. "자신의 미숙함을 받아들이세요." 나는 이 말을 참 좋아한다. 일반적으로 나는 타인들은 쉽게 용서하면서도 나 자신이 실수했을 때는 극도로 가혹하게 굴곤 했다. 우리는 우리 자신이 취약하고, 모든 답을 알 수는 없으며, 가끔 일을 그르칠 수도 있음을 받아들여야 한다.

우리가 우리의 미숙함을 받아들이는 과정의 일부는 마음에서 우러나는 이야기를 하는 것이다. 마음에서 우러나서 시작하는 대화란 예를 들면 다음과 같다. "저는 존중을 담아 이야기하고 싶은데, 혹시라도 제가 처음부터 실수를 하면 부디 너그럽게 봐주세요." 혹은 "이 모든 게 제게는 너무나 새로워요. 혹시 제가 잘못된 용어를 쓴다면 괘념치 마시고 정정해주시길 부탁드려요." 이렇게 출발하는 대화는 우리가 배울 준비가 되어 있음을 분명히 알려줄 것이다.

실제로 실수를 했을 경우에는 어떻게 사과를 해야 할까? 일반적으로는 누군가와 실수로 부딪히는 사건과 비슷하다. 만약 길에서 누군가와 부딪혔을 경우, 한마디도 없이 모른 척 지나가지는 않을 테지만, 그렇다고 또 무릎을 꿇고 얼마나 송구한지 이야기하며 머리를 조아리고 용서를 간청하지도 않을 것이다. 그저 "죄송합니다" 혹은 "실례했습니다"라고 말할 것이다.

이 책을 읽고 있는 당신이라면 어떻게 하면 가급적 타인을 존중할 수 있을지에 관심이 많을 것이므로, 실수를 했을 때 굉장히 괴로워하며 본능적으로 장황하게 사과를 하기 쉬울 것 같다. 보통은 그럴 경우 상황이 더 안 좋아지는데, 이는 대화의 초점을 당신 자신에게로 가져가는 일이기 때문이다. 당신이 실수한 상대방은 자신이 당신을 달래줘야 한다고 느낄 수도 있다. 그러니 자신의 실수에 지나치게 몰두하지 말도록 하자. 담백하게 사과하고 넘어가는 것이다. 단, 실수를 했다면 바로잡도록 노력해야 한다.

여섯 번째. 실수한 뒤에는 바로잡자

자, 여러분이 실수를 해버렸다. 사과를 했다면(울지 않고 이상적인 방식으로), 이제 문제를 해결할 방법을 찾아낼 차례다. 이따금 실수로 타인의 젠더를 잘못 말하는 일은 당황스럽지만 종종 일어나는 일이고, 우리 모두가 저지르는 일이다. 잘못을 바로잡지도, 더 신경을 쓰지도 않고 반복해서 고의로 젠더를 잘못 말한다면, 그것은 폭력이다. 다음은 실수를 바로잡기 위한 몇 가지 조언이다.

곧장 다시 말한다

누군가와의 대화 중에 실수를 했다면 사과를 하고 대화를 재개한 후 몇 분 안에 올바른 용어나 정체성, 대명사를 사용할 기회를 엿보자. 이 방법은 두 가지 이유에서 유용하다. 첫째, 상대방에게 내가 그 실수를 바로잡으려고 적극적으로 노력하고 있음을 보여줄 수 있다. 둘째, 올바른 용어, 정체성, 대명사를 내 머릿속에 입력하는 데 도움이 된다.

말하기 전에 머릿속으로 예행연습을 해본다

경험상 나는 미리 연습할 시간이 있을 경우에는 매우 유창해지지만, 즉석에서는 재빨리 생각하지 못할 때가 있다. 이런 나 자신을 알기 때문에 나는 말을 내뱉기 전에 문장을 머릿속으로 미리 연습해보곤 한다. 내가 과거에 젠더를 잘못 말한 적 있는 사람과 대화할 때 특히 유용한 방법이다.

생쥐를 상상해본다

익숙하지 않은 상태에서 단수형의 그들they을 사용하는 것은 매우 어려운 일이다. they라는 대명사를 사용하는 내 친구 에리든은 그 대명사를 제대로 사용하는 데 있어 재밌는 팁을 한 가지 알려주었다. 그는 they를 사용하는 사람이 주머니에 쥐를 한 마리씩 데리고 다닌다고 상상해보라고 했다. 그래서 에리든을 생각할 때면 나는 항상 두 존재가 떠오른다. "그들they이 저녁 먹으러 온대. 작은 치즈 접시를 내놓아야겠어!"

반려동물을 상대로 연습해본다

내 또 다른 친구 케이든은 내 반려동물에게 they를 사용하며 그 용법에 익숙해져보라고 조언했다. 나는 칼로스라는 이름의 수컷 고양이와 함께 살고 있다. 칼로스는 내가 제때 밥을 주고 이따금 머리를 쓰다듬어주기만 한다면 they라고 불리는 데 괘념치 않을 거라고 생각했다.

어쨌거나 시도하자

이 모든 것이 너무 새롭고 낯설 수 있다. 당신은 벌써 조금은 압도당한 기분으로, 분명히 실수를 하고 말 거라고 걱정할지도 모르겠다. 아마 실수는 할 것이다.

우리 모두 실수를 한다. 결코 실수하지 않아야 한다는 비현실적인 압박을 내려놓는 것이 관건이다. 실수하지 않도록 심혈을 기울이되, 만약 실수했을 경우 먼저 인정하고 상대방에게 사과를 한 후 실수를 바로잡기 위해 노력하면 된다.

안드레아 에이바지언*Rev. Dr. Andrea Ayvazian* 목사는 〈대화 만들기: 백인 앨라이 되기〉라는 강의 영상에서 이렇게 말했다. "여러분은 잘못할 겁니다. 그래도 하세요. 그래도 해야 합니다. 여러분이 해낼 수 있는 기여보다 여러분의 두려움이 더 커지게 두지 마세요."[1]

1 Andrea Ayvazian, "Creating Conversations: Becoming a White Ally," filmed at Greenfield Community College, Greenfield, MA, November 23, 2010, https://www.youtube.com/watch?v=yXZPHc6MkLI.

(6장) 게이더와 그 밖의 문제적 가정들

당신의 정체성들을 모두 더하면, 그것이 바로
당신이다. 지구 역사를 통틀어 보더라도 자기
자신이라는 수프에 들어가는 재료 구성이 당신과
똑같은 사람은 없을 것이다. (…) 그럼에도 살면서
당신은 한 가지 재료만으로 구성된 요리로
오인된 적이 여러 번 있을 것이다.

—샘 킬러먼

레즈비언들은 전부 짧은 머리카락에, 플란넬 셔츠를 입고, 운동경기
를 즐기며, SUV 차량을 몬다? 게이들은 전부 패션 감각이 좋고, 드
라마틱한 노래를 즐겨 부르고, 꾸준히 몸을 만들며, "어머, 자기야!"
라는 말을 많이 한다? 틀렸다. 물론 확실히 그러는 이들이 있긴 하
다. 만약 당신이 플란넬 셔츠를 자주 입고, 머리카락이 짧고, SUV

를 몰며, 운동경기를 즐기는 레즈비언이라면, 신경 쓰지 말고 자신의 라이프스타일을 즐기시라! 이 장의 목적은 타인의 젠더 표현과 관심사에 대해 함부로 판단하거나 조롱하거나 무례하게 대하지 말자는 데 있으며, LGBTQ+에 관한 신화와 스테레오타입이 모든 LGBTQ+들에게 적용되지는 않음을 분명히 밝히고, 잘못된 정보의 해로운 영향을 줄이는 데 있다.

게이더

첫 번째 목표부터 시작해보자. LGBTQ+들의 옷차림과 헤어스타일 및 관심사가 전부 똑같다고 가정하지 말아야 한다. 여러분은 아마 '게이더gaydar'라는 말을 들어봤을 것이다. '게이'와 '레이더raydar'를 결합한 말인 '게이더'는 그저 쳐다보거나 몇 마디 말만 나눠봐도 상대방이 동성애자인지 아닌지 정확히 알아볼 수 있다고 주장하는 사람들이 갖고 있다고 하는 촉을 일컫는다.

게이더가 작동하는 방식은 실제로 이렇다. 우리는 누군가의 젠더 표현, 즉 옷차림, 헤어스타일, 몸에 타투나 피어싱이 있는지, 걸음걸이, 말투 등을 관찰하고서 그의 지향에 대해 결론짓곤 한다. 15년간 LGBTQ+ 센터에서 근무한 내가 말하건대, 내 게이더는 형편없다. 그 이유는 이성애자/시스젠더 커뮤니티 내에서와 마찬가지로 LGBTQ+ 커뮤니티 내의 젠더 표현은 아주 다양하기 때문이다. 나는 이 안에서 누가 게이이고 누가 레즈비언인지, 누가 에이섹슈얼인지, 누가 바이섹슈얼인지 알 수 없으며, 아마 여러분도 알 수 없을 것이다.

무지개 스카프에 자긍심을 드러내는 셔츠를 입고 보라색 머리를 한 남자가 걸어오는 것을 본다면 우리는 속으로 '당연히 게이'라고 생각할지도 모른다. 그럴 경우 우리는 각각 맥주회사 로고가 그려진 셔츠를 입고, 정장에 타이를 매고, 건설현장 작업복을 입고 우리 곁을 지나가는 세 명의 게이를 놓치는 셈이다. 게다가 심지어 무지개 스카프를 한 사람에 대한 우리의 추측 역시 틀렸을 수 있다. 우리가 어떻게 생각하고 무엇을 듣든, 누군가를 보고서 그의 지향을 알 수 있는 것은 아니다. 이것은 매우 단순명료한 사실이다. 맞혀보려는 시도조차 하지 말자.

LGBTQ+에 관한 신화와 스테레오타입

LGBTQ+에 관한 신화와 스테레오타입 중에는 '모든 레즈비언이 버켄스탁 신발을 신는다'는 것처럼 터무니없는 것들이 있다. 당사자들에게 상처를 주는 신화와 스테레오타입도 있다. 예컨대 'LGBTQ+들은 다른 사람을 꼬시려고 자기 성향을 드러낸다'는 식이다. 이런 것들은 LGBTQ+ 커뮤니티 안팎으로 사람들에게 해로운 영향과 피해를 줄 수 있다.

신화와 스테레오타입의 해악 중 하나는 LGBTQ+ 당사자들이 다른 LGBTQ+들의 다양한 이미지를 보지 못하게 함으로써 그들의 커밍아웃 과정을 늦추는 것이다. 터무니없는 종류의 스테레오타입조차 해로울 수 있다. 자신이 레즈비언인지 알아보려 애쓰는 10대 여성이 레즈비언에 대해 '아는' 것이라곤 레즈비언들이 전부 머리카락이 짧고 플란넬 셔츠를 입으며 운동경기를 즐긴다는 사실뿐이라고 생각해보자. 만약 이 사람이 머리가 길고 운동을 싫어한다면 스스로 이렇게 생각할지 모른다. '나는 저런 모습이 아니야. 그러니 내가 레즈비언일 리 없어.' 3장에서 살펴본 것처럼, 이 경우 커밍아웃 과정에서 한 단계 앞으로 나아가기보다 정체성 혼란 단계로 되돌아갈 가능성이 높다. 게이 남성인 내 친구 맷은 게이들은 아버지가 될 수 없다는 신화를 믿었었다. 아주 어릴 때부터 '아빠'가 되고 싶어 한 그는 자신이 게이여선 안 된다고 스스로를 납득시켰었다. 스테레오타입 때문에 그의 자기 이해와 커밍아웃 과정은 매우 지연되었다.

○   재밌는 사실

처음으로 LGBTQ+ 센터에서 일하게 되었을 때, 나는 (이성애자/시스젠더 직원인) 내가 실제로 버켄스탁 신발을 신고 다니는 유일한 직원이라는 사실에 웃음이 났다.

그저 터무니없는 것 이상으로 심각한 신화와 스테레오타입에 대해 알아보자. 매우 흔하게 퍼져 있는 신화와 스테레오타입 몇몇은 당사자들에게 직접적으로 상처를 주며 극도로 위험하다. 내가 진행

하는 워크숍 중 하나에서는 참가자들 스스로가 레즈비언, 게이, 바이섹슈얼 혹은 팬섹슈얼, 트랜스젠더, 이성애자/시스젠더 앨라이에 대해 각각 떠오르는 신화와 스테레오타입을 전부 적어보는 시간을 갖는다. (앨라이에 관한 신화와 스테레오타입도 물론 존재한다. 잠시 후 이에 관해 살펴볼 것이다.) LGBTQ+에 관한 해로운 신화와 스테레오타입 두 가지를 들자면 다음과 같다.

- 게이 남성들은 대체로 소아성애 경향이 짙다.
- 만약 트랜스젠더 여성에게 여자 화장실을 이용하도록 허용한다면 그들은 부적절한 행동을 할 것이다.

이런 신화들은 매우 익숙해서, 내가 미국 전역을 오가며 워크숍을 진행할 때마다 목록에 오르곤 한다. 참가자들은 대부분 가족이나 친구, 교사, 종교 지도자, 책과 영화를 비롯한 미디어 등에서 자신들이 이런 신화에 노출된다고 이야기한다. 사실이라고 믿든 안 믿든 이 신화들은 우리 사회에 매우 만연해 있고, 대다수는 이에 대해 알고 있는 듯하다.

LGBTQ+에게 상처 입히는 이런 신화와 스테레오타입이 사실이 아님을 분명히 인지하는 사람들도 있다. 하지만 불행히도 LGBTQ+들을 많이 알지 못해 사실 확인을 미처 하지 못한 그 밖의 사람들은 종종 이런 신화와 스테레오타입이 맞다고 믿는다. (이런 신화와 스테레오타입에 올바르게 도전하는 방법에 관해서는 다음 장에서 살펴볼 것이다.)

다음은 이 두 가지 해로운 신화와 스테레오타입이 우리 사회에서 작동하는 방식에 관한 현실적 사례들이다.

- 게이가 보이스카우트 지도자가 되는 것을 허용하지 않는다.
- 아이들을 대하는 교사 같은 직무에서 LGBTQ+들을 해고한다.
- 트랜스젠더가 자신의 젠더 정체성에 따라 화장실을 사용하지 못하게 막는다.

신화와 스테레오타입은 개개인에게 매우 큰 영향을 주며, 결과적으로 우리 사회를 더 각박하게 만든다. 앨라이로서 우리는 많은 사람들이 의문을 갖거나 우려하는 사항에 대해 경청하고 그 문제를 다뤄야 한다. 앨라이로서 다음의 과제를 받아 사실 확인을 해보자.

- 게이 남성에게 소아성애 경향이 있다는 주장은 사실이 아님을 지난 수년간 많은 연구들이 증명하고 결론지었음을 알고 있는가?[1]
- 자신의 젠더 정체성에 맞는 화장실을 사용하도록 허용하는

---

[1] 소아성애와 관련한 신화를 깨부숴줄 다음과 같은 글들이 있다. Gregory M. Herek, "Facts about Homosexuality and Child Molestation," Sexual Orientation: Science, Education, and Policy, https://psychology.ucdavis.edu/rainbow/html/facts_molestation.html; Olga Khazan, "Milo Yiannopoulos and the Myth of the Gay Pedophile," *Atlantic*, February 21, 2107, https://www.theatlantic.com/health/archive/2017/02/milo-yiannopoulos-and-the-myth-of-the-gay-pedophile/517332/; and Gabriel Arana, "The Truth about Gay Men and Pedophilia," *INTO*, November 16, 2017, https://www.intomore.com/impact/The-Truth-About-Gay-Men-and-Pedophilia.

미국의 18개 주에서 트랜스젠더가 공중화장실에서 부적절하게 행동한 사건 보고가 한 건도 없었다는 사실을 알고 있는가? 또 부모들의 흔한 두려움과 달리, 소녀들의 탈의실에 접근하기 위해 소녀 같은 옷차림을 하거나 스스로 '소녀라고 느낀다'고 거짓말하는 시스젠더 소년의 사례는 보고된 적이 없다.[2]

여러분이 앨라이로서 세상에 데뷔하기 전에 LGBTQ+에 관한 이 모든 사례와 통계를 모두 알 필요는 없지만, 가장 흔하고 해로운 신화와 스테레오타입에 관한 데이터는 입력해두면 좋을 것이다. 그리고 앨라이로서의 여정을 지속해나가면서 필요한 지식과 정보를 계속해서 채워나가도록 하자.

○ **잘 알려지지만은 않은 사실**

트랜스젠더가 화장실에서 하려는 행동은 바로 이것이다. 용변을 보고 마음의 평온을 찾는 것. 내가 아는 트랜스젠더 중에는 외출 시 모든 젠더를 위한 화장실을 사용할 수 있을지 없을지 확실히 알지 못하는 경우 화장실에 갈 일이 없도록 스스로를 탈수 상태로 만드는 이들이 있다. 그들은 다른 이들이 불편해하지 않도록 자기 자신의 안전을 무릅쓴다. 이런 상황을 바꾸는 데 앨라이들이 도움이 될 수 있다.

---

2 시설 사용에 관한 신화를 깨부숴줄 다음과 같은 글들이 있다. Amira Hasenbush, "What Does Research Suggest about Transgender Restroom Policies?" *Education Week*, June 8, 2016, https://www.edweek.org/ew/articles/2016/06/08/what-does-research-suggest-about-transgender-restroom.html; and Julie Moreau, "No Link between Trans-Inclusive Policies and Bathroom Safety, Study Finds," NBC News, September 19, 2018, https://www.nbcnews.com/feature/nbc-out/no-link-between-trans-inclusive-policies-bathroom-safety-study-finds-n911106.

이성애자/시스젠더 앨라이들에 관한 신화와 스테레오타입

내가 워크숍에서 이성애자/시스젠더 앨라이에 관한 신화와 스테레오타입을 열거해보라고 하면 참가자들은 전부 멍하게 나를 바라본다. 이성애자/시스젠더 앨라이에 관한 신화와 스테레오타입도 있냐고 물으신다면, 물론이다!

○　　막간 퀴즈

LGBTQ+ 커뮤니티의 이성애자/시스젠더 앨라이들에 관한 가장 흔한 '신화나 스테레오타입'은 무엇일까? 해당되는 것을 모두 고르시오.

　A. 앨라이들은 가족이나 가까운 친구 중에 LGBTQ+가 있다.

　B. 앨라이들 본인이 실제로 LGBTQ+이다. 아직 커밍아웃을 하지 않았을 뿐.

　C. 앨라이들은 멋지다!

　　　　　　　　　　　　　　　정답: A 그리고 B (C는 팩트다)

　내 경험상 앨라이에 관한 가장 흔한 두 가지 신화는 그들의 가까운 가족이나 친구 중 LGBTQ+가 있거나 그들이 거기에 개입하지는 않고 있다는 것('개인의 사적인 문제니까'라는 신화), 그리고 앨라이 본인이 커밍아웃만 안 했을 뿐 실제로 LGBTQ+라는 것('벽장일 뿐'이라는 신화)이다. 이 두 가지 흔한 신화 혹은 스테레오타입이 나에게 미친 영향에 대한 이야기를 조금 털어놓겠다.

　내가 시스젠더나 게이, 레즈비언, 바이섹슈얼 등으로 스스로를 드러내는 사람들과 처음으로 어떤 식으로든 친근한 관계를 맺은 건 대학 때였다. (나는 우리 지역 LGBTQ+ 센터에서 자원 활동을 시작한 2003년에서야 트랜스젠더로 스스로를 드러내는 이를 만날 수 있었다.) 나는 1980년대 초에 대학을 다녔고, 내가 속한 학내 배구팀 동료 중에 레즈비언이 몇몇 있었다. 그들과 동지애를 느끼고 있었음에도, 나는 당시 학내에서도 열리고 있던 '침묵=죽음' 집회에 참석한다는 생각은 하지 못했다. 나는 그때까지 사회정의와 관련한 맥락에서 '앨라이'라는 말을 들어본 적이 없으며, 나 같은 사람은 그런 곳에서 환영받지 못하리라 믿었다. 다시 말해, 나 역시 LGBTQ+는 '개인의 사적인 문제'라는 신화에서 자유롭지 못했다.

내가 사회사업 전공으로 대학원에 다니던 1990년대 초의 어느 날, LGBTQ+ 학생회 사람들 몇몇이 우리 강의실에 들어왔고, 그들의 다음번 모임에 모든 시스젠더/이성애자를 초대한다고 공지했다. 지역 LGBTQ+ 센터에서 15년을 일한 지금 생각해보면 내가 이 그룹에 참여하는 데 그들의 초대가 필요했다는 사실이 조금 당황스럽긴 하지만, 당시의 내겐 정말로 초대가 필요했다.

모임에 한 번 참석하고 나서, 한 친구가 눈을 찡긋거리며 내게 물었다. "어쩌다 레즈비언한테 빠진 거야?" 그 말을 듣고 내가 적잖이

---

1 [옮긴이] '침묵=죽음'(Silence=Death)은 에이즈 위기에 맞서 싸우기 위해 1987년 액티비스트 그룹 '침묵=죽음 프로젝트'가 제작한 포스터로, 나치 강제수용소에서 동성애자들에게 붙여진 표식이자 동성애자 인권 운동의 상징이 된 뒤집어진 분홍색 삼각형과 함께 '침묵=죽음'이라는 글자가 쓰여 있다. 비슷한 시기 결성된 단체 액트업(ACT UP, AIDS Coalition To Unleash Power)에서도 이 '침묵=죽음'을 에이즈 액티비즘의 주요 표어 및 포스터로 사용하면서 널리 알려졌다.

당황했음을 고백한다. '벽장일 뿐'이라는 신화 때문에 나는 그 후로 몇 년간 그 모임에 나가지 못했다.

프롤로그에서 밝혔듯, 나는 마흔이 되어서야 전화기를 들어 지역 LGBTQ+ 센터에 연락해 자원 활동을 시작했고, 그제야 시스젠더/이성애자 앨라이로서 내 평생의 직업을 개시할 수 있었다. 앞서 말한 앨라이에 관한 두 가지 신화가 끼어들지만 않았더라면, 20년은 더 일찍 LGBTQ+ 커뮤니티의 앨라이로 일을 시작할 수 있었을지 모른다.

지금의 나는 이 두 가지 앨라이 신화에 어떤 영향을 받고 있을까? 지금 내게 '개인의 사적인 문제' 신화는 그저 날려버리면 되는 우스운 고정관념일 뿐이다. 간혹 내가 LGBTQ+인 아이를 키우고 있을 거라고 추측하는 사람들이 있다. 나는 기꺼이 내가 이 투쟁에 참여하게 된 과정과 원인을 이야기하고, LGBTQ+ 권리를 위한 투쟁 그 자체의 중요성을 공고히 다지고 싶다.

솔직히 나는 '벽장일 뿐'이라는 신화와는 여전히 싸우고 있다. 나는 내가 레즈비언이나 트랜스 여성 혹은 LGBTQ+에 포함되는 어느 다른 정체성으로 오인되더라도 개의치 않는다. 늘 있는 일이다. 하지만 내가 아직 벽장에서 나오지 못한 LGBTQ+라거나 자신의 섹슈얼리티나 젠더에 혼란을 느끼고 있다고 사람들이 가정할 때면 매우 거슬린다. 이 차이는 내게 꽤 중요한 발견이었다. 이걸 발견함으로써 나는 내 불편감이 LGBTQ+에 대한 편견에 기반한 것이 아니라, 타인들이 나보다 나 자신에 관해 더 많은 것을 안다고 생각하면서 내가 스스로 '진짜' 정체성을 찾아내 커밍아웃하기를 기다리고 있는 듯한 것에 대한 짜증과 좌절감에서 비롯된 것임을 깨달았다.

신화와 스테레오타입은 우리 모두를 앞으로 나아가지 못하게 막는다. 신화와 스테레오타입은 LGBTQ+ 커뮤니티 안팎 어디든 존재하며, 그것들은 위험하다. 주의 깊게 새기자. LGBTQ+ 개인들에 관한 거의 모든 부정적인 코멘트나 부적절한 관심 이면에는 신화와 스테레오타입이 숨겨져 있음을 노련한 앨라이라면 발견할 수 있을 것이다. 잘 듣고 알아채는 것이 첫걸음이다. 그다음은 그 정체를 폭로하는 것이다. (이에 관해서는 다음 장에서 상세히 다룬다.)

교차성

'교차성intersectionality'이라는 단어가 생소한 이들을 위해 설명하자면, 우리는 모두 여러 개의 정체성을 가지고 있으며, 그것들이 우리 자신을 구성하고 우리의 경험을 빚어낸다는 뜻이다. 나이, 인종, 신체 크기, 장애 유무, 민족성, 계급, 지향, 젠더 정체성, 젠더 표현 등은 우리가 누구인지를 구성하는 부분들이며, 각각은 서로 연관되어 있다. 여성으로서의 젠더 경험과 유색인으로서의 인종 경험을 단순히 합친다고 해서 유색인 여성의 삶의 경험이 되는 건 아니다. 인종과 젠더가 결합함으로써 독특한 경험이 창출되고 독특한 사회적 도전을 맞닥뜨리게 된다.

'교차성'은 1989년 킴벌리 크렌쇼*Kimberlé Crenshaw*가 고안한 단어다. 2016년 테드 강연 "교차성의 역설*The Urgency of Intersectionality*"에서 크렌쇼는 이 단어를 만드는 데 소송 한 건이 매개가 되었다고 이야기한다. 자동차 제조 공장에 취업하고자 지원했지만 고용되지 못한 아프리카계 미국인 여성인 에마 드그래펀레이드 사건이다. 드그래펀레이드는 이것이 인종 및 젠더 차별 사건이라고 판단했지만 판사는 기각했다. 판사의 근거는 그 회사가 흑인 남성을 생산직과 관리직에 다수 고용 중이므로 회사는 인종에 기반해 차별하지 않음이 증명된다는 것이었다. 또 회사가 백인 여성을 비서직에 다수 고용하고 있으므로 젠더에 기반해 차별하지 않음 역시 입증된다고 했다. 다음은 크렌쇼의 말이다.

> 나는 이 사건에 매우 충격받았다. 부정의가 제곱이 된 것처럼
> 느껴졌다. 첫째, 흑인 여성은 그 공장에서 일하는 것이 허용되지
> 않았다. 둘째, 법정은 법적으로 이를 하찮게 만듦으로써 이
> 배제를 더욱 강화했다. 게다가 이 문제를 지칭하는 이름도 붙어
> 있지 않았다. 모두가 잘 알다시피 이름이 없으면 그 문제를
> 알아볼 수가 없고, 문제를 볼 수 없으면 그걸 해결할 수도 없다.[1]

크렌쇼는 드그래펀레이드의 딜레마에 틀을 부여해 사람들이 이

---

1 Kimberle Crenshaw, "The Urgency of Intersectionality," Speech given at TEDWomen 2016, December 7, 2016, https://www.ted.com/talks/kimberle_crenshaw_the_urgency_of_intersectionality?language=en.

문제를 보고 이해할 수 있도록 '교차성'이라는 용어를 고안했다. 이 것은 산수 등식처럼 정체성들을 덧셈해 답을 구하는 문제가 아니었다. 드그래펀레이드 같은 아프리카계 미국인 여성은 아프리카계 미국인 남성을 위한, 그리고 백인 여성을 위한 법적 보호의 틈새로 미끄러졌다. '교차성'이라는 용어는 우리의 여러 가지 정체성이 여러 겹의 차별을 불러올 수 있음을 인식시키는 데 도움이 된다.

여기 LGBTQ+ 커뮤니티 내에서 볼 수 있는 교차성의 예가 있다. 83세의 게이 남성이 요양시설에 거주하고 있다고 상상해보자. 30대 게이 남성의 경험과 83세 이성애자의 경험을 그저 합친다면 이 남성의 삶과 경험, 그리고 그가 맞닥뜨리는 독특한 고난에 대해 정확한 그림을 그릴 수 없을 것이다. 그는 게이 남성인 동시에 노인이기 때문에, 성적 지향을 이유로 체포되고, 자기 자신에게 진실하다는 이유로 정신장애를 진단받고, '교정'한다는 명목으로 전기충격 치료를 강제로 받아야만 하는 시대를 살아왔다. 이런 삶의 경험들 때문에 의료 및 정신건강 전문가들에 대한 불신이 커졌을 수 있다. 이 사람은 새로 입소한 요양시설에서 사회적 관계를 덜 맺으려 할 것이고, 자기 자신이 누구인지 그리고 자신이 지금껏 누구와 함께 살아왔는지를 숨기려 하기 쉽다. 단편영화 〈가시성 프로젝트Project Visibility〉에서 노인 요양보호 전문가인 마샤 로빈슨Marsha Robinson이 말하듯, 이런 사람의 이야기는 누락되기 쉽다.[2]

2　AAA Project Visibility, *Project Visibility* (Boulder, CO: Boulder County Area Agency on Aging, 2004), DVD.

신화와 스테레오타입을 들여다보는 이 장에 왜 교차성에 관한 내용이 포함되었을까? LGBTQ+에 대한 인식에는 한 가지 전형적인 모습, 즉 백인, 비장애인, 중산층, 비종교인, 16~40세의 연령대로 상상되는 아주 문제적인 신화가 널리 퍼져 있기 때문이다. 하지만 실제로 LGBTQ+들은 다양한 신체 상태와 인지능력을 가지며, 다양한 인종과 나이이고, 다양한 경험과 배경을 가지고 있다. 손주가 있는 경우도 있고, 청각장애인일 수도, 가톨릭일 수도, 아프리카계 미국인일 수도, 싱글일 수도, 노숙자일 수도, 저소득층일 수도, 암 투병 중일 수도, 공화당원일 수도, 무슬림일 수도, 폴리아모리 지향일 수도, 참전용사일 수도 있다. 그들의 삶의 경험은 이처럼 교차하는 정체성들에 영향받는다.

백인들 사이에서 특히 인종에 관계된 교차성에 관한 대화를 할 수 없도록 방해하는 주요 요인 중 하나는 두려움이다. 『왜 식당에서 흑인 아이들은 모두 함께 앉아 있는가?*Why Are All the Black Kids Sitting Together in the Cafeteria*』[1]에서 베벌리 대니얼 태이텀은 인종과 피부색에 관해 호기심을 갖는 백인 어린이들이 그러한 차이에 관해 질문할 때 부모나 교사로부터 어떻게 제지당하는지에 이야기한다. 그렇게 백인들은 매우 어릴 때부터 인종에 관해 언급하면 안 된다고 배우고, 그런 규칙이 우리 생애 내내 강화된다.

인종과 사회정의에 관해 내가 읽은 대부분의 문헌들은 백인들이

1　Beverly Daniel Tatum, *Why Are All the Black Kids Sitting Together in the Cafeteria?* rev. and updated ed. (New York: Basic Books, 2017).

스스로 배워야 한다고 말하고 있다. 주변화된 그룹의 사람들, 즉 소수자에게 끊임없이 교육자의 역할을 강제해서는 안 된다. 그런데도 나는 백인 커뮤니티 내에서 인종적 지지에 관한 대화가 이루어지는 걸 본 적이 없다. 내가 경험한바 대개는 예의 바르게 그 주제를 피해버릴 뿐이었다.

다음은 선의를 가진 백인들이 유색인에 관해 이야기할 때 얼마나 말을 버벅거리는지 확인할 수 있는 실제 사례다. 몇 년 전, 내가 속한 전부 백인으로 구성된 배구팀에서 경기 전 작전회의를 할 때였다. 네트 너머의 상대편 팀은 백인 다섯 명에 흑인 한 명이었다. (작전회의 동안 선수들은 호루라기가 불릴 때까지 15분가량 전략을 짠 다음, 모두 코트에 올라 경기를 해야 한다.)

팀원1: 얘들아, 방어 잘해야 해. 저기 저 사람이 라인에서 슛을 아주 잘하는데, 그쪽으로 자주 가고 있어.

팀원2: 누구 말이야?

팀원1: 파란 반바지 입은 사람.

팀원3: 파란 반바지 입은 사람이 세 명이야.

팀원1: 키 큰 사람.

팀원2: 민소매 셔츠 입은 사람?

팀원4: 아니야. 회색 티 입은 사람 말하는 걸 거야.

팀원2: 반바지에 줄무늬 있는 사람?

팀원4: 응.

팀원2: 아, 알겠어. 고마워.

이 사달이 난 건 모두가 사려 깊게도 '저 흑인'이라는 말을 하지 않았기 때문이다. 그런데 만약 팀에 흑인이 다섯 명, 백인이 한 명 있을 경우, 장담컨대 대화는 이렇게 진행되었을 것이다.

팀원1: 얘들아, 방어 잘해야 해. 저기 저 백인이 라인에서 슛을
아주 잘하는데, 그쪽으로 자주 가고 있어.
팀원2: 아, 알겠어. 고마워.

왜 사람들은 자신이 지목하려는 사람이 유색인일 때 진땀을 뺄까? 나는 그것이 두려움 때문이라고 생각한다. 선의를 가진 백인들은 올바른 용어(흑인? 유색인? 아프리카계 미국인?)를 사용하지 못할까 봐 두려워하고, (백인이 아닌) 누군가를 피부색으로 지목한다는 것이 무례한 일일까 봐 두려워하며, 자신의 말이 인종주의적이라고 해석될까 봐 두려워한다.

내 경험상 백인 커뮤니티에서는 '실수로 무례한 말을 하는 것에 대한 두려움'에 관해 이야기하는 게 그래도 가장 나은 경우다. 최악의 경우지만 사람들을 '인종주의자'라고 손가락질하고 꼬리표를 다는 일이 난무한다. 우리는 모두 인종주의자이고, 성차별주의자이고, 동성애혐오자이며, 연령주의자이고, 계급차별주의자이고, 장애차별주의자이며, 외모차별주의자이다. 그리고 우리는 모두 인종주의

적이고, 성차별주의적이고, 동성애혐오적이며, 연령주의적이고, 계급차별주의적이고, 장애차별주의적이며, 외모차별주의적인 말들을 할 수 있다. 그렇다고 마냥 손가락질하는 것은 아무 도움이 되지 않는다. 모든 주변화된 커뮤니티의 앨라이로서 우리는 타인에게 낙인을 찍고 수치심을 주는 대신, 편견에 대해 이야기하고 우리의 말과 행동이 미치는 영향에 주목할 필요가 있다. 나는 우리 모두가 인종과 교차성에 관한 대화를 피하지 않고, 용감하게 대화를 시작해 평가로부터 자유롭고, 선의를 전제한 채 진솔한 이야기가 오갈 수 있는 공간을 만들어나가기를 바란다. 다음 장에서는 그것을 실천하는 방법을 제시해보려 한다.

7장 좋은 대화: 유용한 대화를 이끄는 기술

만약 당신이 다른 관점들과 화해할 수 없다면,

딩신의 다양성은 포용력 있다고 할 수 있는가?

—어샤드 만지

웬만해선 우리는 잘 배우려 하지 않는다

숙련된 앨라이로서 효과적인 변화의 매개자가 되는 방법과 사람들을 효과적으로 교육하는 방법으로 뛰어들기 전에, 잠시 우리가 그동안 어떻게 배웠는지 생각해보자. 이해하고 받아들이고 그리하여 나와 다른 이들을 인정하는 여정으로 사람들을 이끄는 가장 좋은 방법은 우리가 배우는 입장이었을 때 어땠는지 상기해보는 것이다.

우리 모두는 머릿속에 지식을 한 덩이 가지고 있다. 그것은 우리가 진실이라고 '알고 있는' 것들이다(따옴표에 유의하라). 이 지식 덩어리는 우리가 한평생 살아오면서 세상을 이해하려다 보니 갖게 된 정보들이다.

이제 우리의 지식 덩어리와 맞아떨어지지 않는 새로운 정보를 마주했을 때 무슨 일이 일어나는지 보자. 보통 우리는 그 새로운 정보에 대해 잠시 생각해보고는 이건 아냐, 하며 잊어버린다. 그래도 좋고, 충분히 그럴 만하다. 모든 이가 새로운 정보를 접하곤 곧장 여태까지 알고 있던 것을 대체하는 세상에서 산다면 어떻게 되겠는가. 삶은 혼돈 그 자체일 것이다.

아기가 어디에서 오는지 알고자 하는 아이가 여러 곳에서 서로 다른 정보를 듣게 된다고 상상해보자.

> 엄마: 엄마랑 아빠랑 서로 사랑하면 키스를 하고 아기가
> 만들어지는 거야. (알겠다!)
> 소피 이모: 황새가 아기를 물어 와서 굴뚝으로 떨어뜨려주지.
> (그렇구나.)
> 절친의 오빠: 아빠가 자기 페니스로 엄마 안에 아기를 꽂아준다고
> 들었어. (우웩! 그래도 알겠어…)
> 할아버지: 아마존에서 살 수 있단다. (우와! 아마존에는 진짜 없는 게
> 없구나.)

인간이 웬만해선 잘 배우려 하지 않는 건 대단한 축복이다. 세상에는 잘못된 정보가 아주 많고, 그런 게 우리 머리에 들어오게 두어서는 안 된다. 우리는 한 덩이의 지식을 힘들여 쌓았으니, 그것을 보호할 필요가 있다.

하지만 시간이 흐르며 우리가 계속해서 동일한 새 정보를 듣게되었다고 해보자. 미디어에서도 듣고, 신뢰하고 존경하는 친구들과의 대화에서도 듣는다. 이 새로운 정보가 더 진지하게 들여다볼 만한 가치가 있다는 증거가 생긴 것이다. 우리는 생각에 잠긴다. 어쩌면 스스로 이 정보에 대해 좀 더 찾아볼 수도 있다. 그러다 심지어이 새로운 정보가 옳고 타당하다고, 심지어 그것과 모순되는, 우리가 머릿속에 이미 갖고 있던 지식보다도 더 옳고 타당하다고 결론을 내릴지도 모른다. 그러면 우리는 놀라운 작업을 한다. 오래된 정보를 새로운 정보로 바꾸는 것이다.

요는, 배움은 과정이라는 것이다. 내가 이 과정을 겪을 당시의 당황스러운 사례를 재미 삼아 공개해본다. 젊은 시절 나는 낙엽으로채운 뒤 정원에서 밀고 다니는 수레를 '휠배럴wheelbarrel'이라고 부른다는 것을 어찌저찌 '알고' 있었다. 어느 날 저녁 식사 도중 내 언니 줄리가 새로운 정보를 알려주었다. 언니는 그 단어가 사실은 '휠배로wheelbarrow'라고 주장했다. 나는 즉각 반발했다. 내 사고의 흐름은 이렇다. '도대체 휠배로가 뭐야? 휠배럴이 맞지! 바퀴 달린 통이잖아. 아마도 휠배럴은 원래 말 그대로 바퀴 달린 통이 맞았을 거야. 게다가 나는 20년 이상 살았지만 내 기억에 한 번도 책에서 '휠배로'

라는 말을 본 적이 없어. 그게 아니면 이 우스꽝스러운 단어를 내가 모르고 있을 리가 없지. 언니가 틀린 걸 거야.'

그 후로 계속 이어진 내 배움의 과정에는 다음과 같은 일들이 포함된다. 여러 다른 사람들이 언니 말이 맞다고 확인해주었고, 나는 언니와의 논쟁에서 이길 가능성에 대해 생각했고(짜증 나지만 항상 언니가 이긴 게 사실이다), 마침내 사전을 뒤져 그 단어를 찾아보았다. (웃긴 건, 내가 최근 스물네 살의 동료에게 이 이야기를 해주었더니 그 역시 '휠배로'가 맞는 단어임을 믿을 수 없어 했고, 그로써 그 역시도 이 배움의 과정을 시작하게 되었다는 것.)

우리가 '아는' 정보를 대체하는 일은 그걸 '안' 지 오래되었을 때, 그리고 주변 사람들도 똑같이 '알고' 있을 때 훨씬 더 어렵다. 우리가 신뢰하는 사람들(부모, 친구, 선생님, 종교 지도자 등)이 모두 LGBTQ+가 되는 것이 질병이라거나 비도덕적이라고 가르쳤다면, 존중에 기반한 대화를 엄청나게 많이 하고, 건강하고 행복하며 친절하고 정서적으로 안정된 LGBTQ+들을 많이 알게 되지 않는 한 LGBTQ+에 대한 그러한 잘못된 평가를 변경하기 어렵다.

우리는 이 책을 읽은 뒤 우리가 직접 참여하게 될 LGBTQ+ 관련 대화에 대해 생각해봐야 한다. 생각을 바꾸는 방법으로서가 아니라 생각을 교환하고 사유의 씨앗을 심는 기회로서의 대화 말이다. 그럼으로써 우리는 전달력과 어조를 잘 조절할 수 있을 뿐 아니라, 우리 앞의 고집 센 이의 생각을 즉각 바꿔줄 분명하고 정보력 있고 간결하며 완벽한 대답을 생각해내야 한다는 부담감을 덜 수 있다.

LGBTQ+ 교육자로 일하는 동안 이런 질문을 자주 받았다. "제 [빈 칸을 채우시오. 대개는 사촌]이 너무 동성애혐오적이에요. 뭐라고 하면 [그의/그녀의/그들의] 생각을 바꿀 수 있을까요?" 물론 답은 누군가의 생각을 바꿀 한마디가 정답처럼 있지는 않다는 것이다. 우리가 할 수 있는 것은 존중에 기반한 대화를 통해 사람들이 귀를 열어 경청하고 서로에게서 배울 수 있도록 우리의 생각과 경험을 나누는 것이다.

일부만 듣고 그 사람을, 혹은 그의 행동을 재단하고 반응하는 흔한 패턴을 피하도록 노력하자. 예를 들면 다음과 같은 상황이다.

> A: 제 아들의 선생님이 반 아이들에게 두 아버지에 관한
> 이야기를 들려줬대요. 그 얘길 듣고 저는 좀 걱정이 되었어요.
> 제 아들이…
> B: 세상에! 진심이세요? 너무 동성애혐오적인데요!

이러지 말고, 끝까지 듣고 숙고해본 후 논의를 시작하자.

> A: 제 아들의 선생님이 반 아이들에게 두 아버지에 관한
> 이야기를 들려줬대요. 그 얘길 듣고 저는 좀 걱정이 되었어요.
> 제 아들이 동성애자나 트랜스젠더에 대해 저한테 질문을
> 할까 봐, 그럴 때 제가 어떻게 대답해야 할지 모를까 봐
> 걱정이 돼요.

B: 아, 그러시군요. 이해합니다. 저도 제 아이들이 질문을 할 때면 제게 적절하고도 심사숙고를 거친 대답이 준비되어 있었으면 좋겠다고 생각한답니다. 제가 아이들과 LGBTQ+ 가족들에 대해 이야기하는 방법과 관련해 도움받을 수 있는 자료들을 한번 찾아봐드릴까요?

입장 바꿔 생각해보기

능력 있는 앨라이 겸 교육자로서의 여정을 이어나갈 때, 중요한 것은 학습자였던 우리의 경험으로 끊임없이 되돌아오는 것이다. '만약 지금 내 머릿속의 지식들이 도전을 받고 있다면, 어떤 경우 대화를 그만두고 싶을 것이며, 어떤 경우 새로운 생각들에 귀가 열릴 것인가?' 하고 자문해보자.

누군가 여러분의 말이나 행동에 대해 무언가를 지적했을 때, 즉 여러분의 말이나 행동이 다른 이에게 공격적이었다고 당신에게 표현했을 때를 생각해보자. 그때의 의사소통이 효과적이었는가? 그 소통에서 무엇이 효과가 있었고, 무엇이 그렇지 않았는가? 내가 사람들에게 그런 상황에서 효과가 있었던 것과 없었던 것을 물어보면 주로 다음과 같은 답을 얻을 수 있었다.

효과 없었던 것:

고함치기

여러 사람 앞에서 나를 지적하기

소셜미디어에서 나를 비난하기

내게 그리고/혹은 내 말이나 행동에 꼬리표를 붙이기(인종주의자, 성차별주의자, 동성애혐오자 등)

효과 있었던 것:

내 말이나 행동이 불편했던 이유에 초점을 맞추기

나에게 따로 이야기하기

그 자신도 비슷한 실수를 했던 적이 있음을 알려주기(즉, 그 자신의 약점을 공개하기)

그와 나의 관계나 우정을 중요하게 여기기 때문에 이런 대화를 한다는 것을 분명히 밝히기

고함치거나 공개적으로 망신을 주거나 꼬리표를 붙일 경우, 상대방이 방어적으로 행동하거나 기분이 상한 채로 반응하는 상황을 만들기 쉽다. 게다가 대화의 초점이 실제 쟁점(그 언행이 우리를 불편하게 만드는 이유) 대신 언행이 정말로 성차별주의적이거나 인종적이거나 동성애혐오적인지 여부에 맞춰지기 쉽다. 그러면 효과가 아니라 의도에 초점을 두게 된다.

맞는 것을 모두 고르시오.

A. 기독교도들은 LGBTQ+ 반대자들이다.

B. 모든 종교 및 신념 공동체는 LGBTQ+ 반대자들이다.

C. 많은 종교 및 신념 공동체가 LGBTQ+들을 환영하고 지지한다.

D. LGBTQ+이면서 종교를 갖는 것은 불가능하다.

답: C

모든 종교 및 신념 공동체가 LGBTQ+의 인권을 존중하지 않는다는 것은 매우 해로운 신화다. 기독교를 포함해 많은 종교 및 신념 공동체가 LGBTQ+와 그 가족들을 환대하고 긍정하는 공간을 만들어왔다. 앨라이 활동을 처음 시작했을 때 나는 많은 LGBTQ+들이 종교를 갖고 있고 그 신념 공동체에서 활발히 활동하고 있다는 사실을 알고서 매우 놀랐다. 종교를 가진 어떤 사람들이 LGBTQ+의 존재를 부정하는 신념을 갖고 있는 것은 사실이지만, 모든 종교나 모든 신앙인이 그러한 것은 아니며, 많은 종교가 갈수록 점점 더 이들을 자연스럽게 받아들이고 있다.

구내식당 직원 루와 함께한 저녁

몇 년 전, 학교 구내식당 직원들을 위한 워크숍을 진행한 적이 있다. 그 워크숍은 필수 훈련 과정이었기 때문에 나는 내가 설교를 늘어 놓을 필요는 없을 거라 생각했다. 내가 설명하는 도중에 한 남성—이름을 루라고 칭하겠다—이 손을 들고 질문을 했다. 그의 태도는 매우 조용하고 차분해서 그가 실은 불만스러워한다는 걸 깨닫기까지 시간이 걸렸다. 질문의 요는 이러했다. "당신은 지금 내 공간에

와서 당신의 어젠다와 신념을 이야기하고 있는데, 그럼 이제 내가 LGBTQ+ 센터로 가서 기독교도로서의 내 어젠다와 신념을 이야기해도 될까요?"

공손한 태도로 불만을 표하는 루에게 내가 어떻게 반응했냐면,

1. 심호흡을 했다. 나는 갈등을 싫어하는데, 심호흡은 언제나 나를 진정시켜준다.
2. 그에게 고맙다고 했다. 솔직하게 말해줘서 고맙다고 한 후, 좌중에 비슷하게 느끼고 있거나 비슷한 생각을 가진 사람이 더 있을 수도 있다고 말했다.
3. 내가 거기에 간 이유가 사람들의 신념을 바꾸도록 강제하는 것이 아니라고 그를 안심시켰다. 우리는 모두 서로 다른 배경과 다른 신념을 가지고 학교에 모여 일하고 있으며, 우리는 모두 서로 존중하며 일해야 한다.
4. 다음과 같은 내 어젠다를 분명히 밝혔다. 내 목표는 우리 학교를 모두가 안전하고 환대받는다고 생각할 수 있는 곳으로 만드는 것이다. 그 말인즉, 학교에서는 엄마가 둘인 아이, 그리고 동성애자가 되는 건 죄라고 가르치는 부모의 아이 모두가 안전하고 환대받는다고 느껴야 한다는 것이다. 구내식당 직원과 다른 교직원, 교사, 행정직원 들은 이런 아이들 모두가 안전하고 존중받는다고 느끼는 공간을 만들어야 하며, 그러기 위해서는 도구가 필요하다. 이것이

내 어젠다였다.

내 반응은 바람대로 작용했다. 루와 나는 이 주제에 관해 몇 분 더 이야기를 이어갔고, 이는 존중에 기반하면서도 전문적인 의사소통의 귀감이 되었다. 루와 나는 LGBTQ+에 관해 매우 다른 생각을 갖고 있었지만, 대화를 통해 공통의 기반을 찾아낼 수 있었다. 우리는 둘 다 학교가 모든 아이들에게 안전한 공간이 되기를 바란다는 데 동의했다. 존중에 기반한 이 대화를 통해 나는 참석자들에게 내가 다른 관점을 가진 이들의 의견을 경청할 준비가 되어 있음을 알려주었다.

워크숍이 끝났을 때, 나는 그때까지 한 번도 해보지 않은 일을 했다. 참석자 루에게 저녁을 먹자고 제안한 것이다. 나는 생각했다. '이 사람은 내 워크숍 내내 매우 언짢아하며 앉아 있었고, 어쩌면 의무적으로 참석해야 해서 짜증이 났을 수도 있는데, 내게 발언할 때는 아주 정중했지. 고함치지도 않았고 어떤 식으로든 분노를 드러내지도 않았어. 이런 사람이라면 함께 더 시간을 보내도 좋을 것 같아.' 나는 내가 하는 일에 반대하면서도 이에 대해 침착하고 정중하게 표현하는 사람과 이야기할 기회가 많지 않다. 나는 기회가 된다면 루와 내가 꽤 즐거운 대화를 나눌 수 있을지도 모른다고 생각했다.

루는 나와 저녁식사를 한다고 생각하니 불편해서 이 초대에 응할지 말지 신부님과 상담했다고 나중에 털어놓았다. 그 신부님은 문제가 될 것은 없어 보인다고 말했고, 루와 나는 몇 주 뒤 치즈케이크 가게에서 음식을 먹으며 이야기를 나눴다. 이 저녁식사는 내 LGBTQ+ 교육 활동 이력에서 가장 기억할 만한 순간들 중 하나에 꼽힌다. 다음은 내가 루에게서 배운 몇 가지 중요한 점이다.

- 청중 앞에서 나는 좀 더 신중한 어휘를 사용하고 내 목표를 분명하게 밝힐 필요가 있다. 특히 참석이 의무적이어서 원치 않는데도 거기 앉아 있는 사람이 있다고 여겨질 때는 더더욱. 루는 내가 '학교에 적용하라'고 말한 것이 매우 우려스러웠다고 했다. 그는 내 목표가 초등학생들과 섹스에 관해 이야기하게 하는 것이라고 생각했다. (지향과 친밀한 행위를 혼동하는 사례가 또 나왔다!) 루는 그것이 아이들에게 '세뇌'하라는 말처럼 들렸고, 나치를 떠올리게 했다고 말했다.
- 그것이 의무적인 워크숍이고 일부 참석자들이 이 주제를 매우 불편해한다는 것을 알고 있었다면 일찌감치 이런 말로 모두를 환대했어야 했다. "우리 모두 출신이 서로 다르고, 서로 다른 신념을 가지고 있으며, 어떤 분들은 오늘 이 자리에 온 것 자체가 매우 불편할 수 있다는 걸 알고 있습니다. 정중한 방식으로 여러분의 다양한 관점에 대해 목소리를 내주시기를 더욱 바랍니다."

루는 내게 자신 역시 저녁식사 중의 대화에서 배운 것이 있으며, 우리 센터가 하는 일을 더욱 받아들이게 되었다고 말해주었다. 그리고 내 예상대로 우리 중 누구도 언성을 높이거나 화를 내지 않았다. 사실상 매우 즐거운 식사 자리였고, 헤어질 때 포옹을 나누면서 루는 다음에 또 만나서 이야기를 나누어도 좋겠다고 말했다.

아마도 내가 얻은 가장 큰 교훈은 우리가 많은 공통점을 갖고 있다는 것이었다! 우리는 서로 다른 각도에서 접근할 뿐, 둘 다 아이들을 위해, 그리고 이 세상을 위해 같은 것을 원하고 있었다. 둘 중 누구도 자신의 핵심적 신념을 조금도 바꾸지 않았지만(무엇보다 우리는 웬만해선 잘 배우려 하지 않는다), 서로에 대해 아주 존중하게 되었고 상대방의 관점을 훨씬 더 잘 이해할 수 있게 되었다. 우리가 서로에게 잠재적 변화의 씨앗을 심었을지 누가 아는가?

존중에 기반한 의사소통을 위한 팁

반대되는 관점과 신념을 가진 사람들과 어떻게 하면 정중하고도 유용한 대화를 나눌 수 있을까? 수년간 나는 이에 관해 고민해왔고, 모두가 덜 방어적인 태도로, 새로운 생각에 더 열린 마음으로 대화를 나누는 데 도움이 되는 효과적인 팁의 목록을 만들어왔다. 나는 루와의 대화에서 이 기술을 거의 모두 사용했다.[1]

---

1 이 중 많은 팁의 출처는 아웃프런트 미네소타(OutFront Minnesota)에서의 스콧 피어링(Scott Fearing)의 작업, 그리고 그의 책 *Successful GLBT Education: A Manual* (Minneapolis: OutFront Minnesota, 1996)이다.

의도는 선한 것이리라 가정하자

만약 상대방이 기분 나쁜, 구식 용어를 사용하거나 여러분의 비위를 건드리는 말을 한다면, 그 의도가 일부러 상처를 주기 위해서는 아닐 것이라고 가정하자. 이렇게 간단하게 가정함으로써 여러분은 존중에 기반한 대화를 해나가기 위한 노력을 지속할 수 있을 것이다. 실제로 그것은 내가 하는 모든 교육 활동의 토대가 되는 근본 원칙이기도 하다. 상대방이 최신 버전의 올바른 용어를 머릿속에 아직 넣지 못했을 뿐이라고 가정하기만 해도—대개는 실제로 그렇다—훌륭한 상호작용을 하기에 적절한 분위기를 만들 수 있다.

명심할 것은, 상대방이 좋은 의도일 거라 가정한다고 해서 무엇이든 용인하고 진지한 대화를 할 필요가 없는 것은 아니라는 사실이다. 그렇게 가정하는 건 오히려 중요한 대화를 위한 초석일 뿐이다. 선한 의도를 가정한다고 해서 무례한 행동을 용인하거나 상처 입히는 말을 정당화해서는 안 된다. '그런 의도가 아니었다'고 해서 무심하고 폭력적인 언행에 면죄부를 줄 순 없다. 대화의 초점은 사람들의 말과 행동의 의도가 아니라 그 말과 행동이 미치는 영향에 맞춰져야 한다. 그렇지만 만약 어떤 어휘와 정보에 대해 질문하거나 그 개념들에 대해 논하지 못하게 한다면 사람들은 무안하고 당황해 아예 입을 다물게 될 것이다.

이 접근법은 개인적으로 내게도 의미가 크다. 내가 앨라이로서 활동하기 시작한 2003년 나는 LGBTQ+에 관해 거의 아무것도 몰랐다. 잘못된 용어를 사용했고, 부적절한 질문을 해댔다. 보기 좋게 일들을 그르쳐버렸다. 만약 커뮤니티 사람들이 내가 그저 아직 그 정도밖에 알지 못할 뿐 내 의도는 선하리라 믿어주지 않았다면 나는 15년간 LGBTQ+ 커뮤니티의 앨라이로서 전문적으로 일할 수 없었을 것이다.

말이나 행동에 가급적 꼬리표를 붙이지 말자

많은 사회정의 교육자들이 사람들에게 꼬리표를 붙이는 것(예컨대 "당신은 동성애혐오자군요")은 그들을 경청하게 하거나 그들의 행동을 바꾸기에 효과적인 방법이 아니라는 데 동의한다. 그래서 대개는 사람 대신 행동에 꼬리표를 붙이려 한다(예컨대 "방금 하신 말씀은 동성애혐오적이에요"). 나는 한 걸음 더 나아가 그 무엇에도 꼬리표를 붙이지 말자고 제안하려 한다.

당신과 내가 점심을 함께하는 도중 내가 "그건 너무 게이스럽잖아!*That's so gay!*"라고 말했다고 해보자. 다가오는 자긍심 퍼레이드에 대한 얘기가 아니었다면 그 말은 적절하지 않다. 만약 당신이 "그 말은 동성애혐오적이었어"라고 한다면, 나는 본능적으로 방어적이 될 것이고 대화는 옆으로 새서, 그 말이 누군가를 기분 나쁘게 했다는 실제적인 문제에 집중하기보다 그 말이 동성애혐오적인지 아닌지를 소모적으로 따지게 될 것이다.

만약 '어휴, 이 양반 너무 예민하게 구네. 아무도 "그건 너무 게이스럽잖아"를 상처 주려고 말하진 않는걸'이라고 생각한다면, 애시 베컴의 5분 30초짜리 영상 〈I Am SO GAY〉를 한번 보기를 바란다(http://www.ignitetalks.io/ videos/i-am-so-gay). 다른 걸 다 떠나서라도 매우 재미있는 영상이다.

'나'를 주어로 이야기하자

중요한 것(말이 미치는 영향)에 집중해 대화하는 방법 중 하나는 '나'를 주어로 말하거나 당신 자신과 그 말이 당신에게 주는 느낌에 초점을 맞춰 말하는 것이다.

"그건 너무 게이스럽잖아"에 대한 반응으로 다음과 같이 말할 수 있겠다. "다른 말을 사용해주면 정말 좋겠어. 네가 상처 주려고 한 말이 아닌 건 분명히 알고 있어[내가 첫 번째 팁으로 제시한 것처럼]. 하지만 '게이'라는 단어를 그렇게 부정적인 방식으로 사용하는 걸 들을 때마다 나는 불편해."

공통점을 찾자

스스로 적절한 어휘가 무엇일지 고심해보고 그 개념을 이해하고자 노력해봤다면 이제 그 경험을 떠올려볼 때다. 그럼으로써 당신과 당신의 대화 상대는 동등한 위치에 놓인다. 예를 들어, "나도 늘 '그건 너무 게이 같잖아'라는 말을 하곤 했어. 그러다 한 친구가 해준 말 때문에 나는 더 이상 그렇게 말하지 않고, 내가 하는 말에 대해 생각해보게 되었어." 상대방과 연결되거나 공통점을 찾는 또 다른 방법은 달라지는 어휘와 용어를 기민하게 따라가기란 굉장히 어려운 일임을 우선 인정하는 것이다. 예컨대 이렇게 대화를 시작해보면 어떨까. "이런 작업을 시작한다는 게 엄청나게 혼란스러운 일이란 걸 잘 압니다."

'역지사지' 기술을 시도하자

'역지사지' 기술은 교육적으로 훌륭한 도구다. 이 책에서도 그 기술을 몇 번 사용한 바 있다. 질문이 정중하고 적절한지 아닌지 스스로 검토해보는 도구가 되어준다. 트랜스젠더인 동료에게 호르몬 투여 여부를 물어도 되는지 안 되는지 잘 모르겠는가? 상황을 바꿔 생각해보자. 시스젠더인 동료에게 어떤 약들을 복용하고 있는지 물어볼 텐가? 이런 방법은 사람들을 교육하는 데 도움이 되는 노련한 앨라이의 훌륭한 도구다.

2008년에 진행된 '말하기 전에 생각해봅시다*Think Before You Speak*' 캠페인은 '역지사지' 기술을 아주 잘 활용한 사례다. 이 캠페인을 통해 사람들은 '게이'라는 단어가 '나쁘다' 혹은 '한심하다'라는 의미를 내포하여 사용되어서는 안 된다는 것을 설명하는 여러 공익광고를 만들었다. 그 광고들에서는 '게이'를 다른 단어로 대치해 상황을 바꾸어보았다. 한 광고에서는 코미디언 완다 사이크스*Wanda Sykes*가 등장한다. 그녀는 식당에서 10대 소년 세 명이 뭔가가 '너무 게이스럽다'고 하는 말을 듣는다. 그래서 그녀는 그들에게 다가가, 우습거나 우스꽝스럽다는 의미로 '게이스럽다'고 말하는 것은 모욕적이기 때문에 그래서는 안 된다고 타이른다. 그것은 마치 후추통이 웃기다고 생각해서 '야, 이 후추통은 너무 갓 수염 난 16세 소년 같잖아'라는 것과 같다고 그녀는 설명해준다.

'역지사지' 기술은 좀 더 규모가 큰 행정 면에서도 잘 작동할 수 있다. 인종 혹은 장애 여부와 관련한 괴롭힘 상황이나 직장 내 갈등을 처리할 줄 아는 많은 경영자, 관리자, 교사가 LGBTQ+와 관련한 상황에서는 혼란스러워하는 경우가 많다. 나는 그것이 LGBTQ+는 우리 가족, 우리가 사랑하는 사람 및 우리 자신에 관한 것이라기보다는 오로지 성적 행동에 관한 것이라는 오해에서 비롯된다고 생각한다.

만약 한 친구가 동성애자 동료와 한 사무실에서 일하는 것이 불편하다고 말하는 직원 때문에 고민을 하고 있고 그 상황을 어떻게 다뤄야 하는지 모른다면, 그 친구가 다루는 법을 알고 있는 정체성으로 바꾸어 생각해보게끔 하자. 만약 해당 직원이 흑인 동료 혹은 무슬림 동료, 혹은 청각장애인 동료와 한 사무실에서 일하는 것이 불편하다고 했다면 어떻게 했을까? 그 상황을 다루는 방법을 알고 있다면 그가 LGBTQ+ 관련 이슈를 다루기 위해 필요한 도구를 이미 가지고 있다는 것을 확신시켜줄 수 있다.

몇 년 전 지역의 한 고등학교에서 한 아버지가 교장을 만나 자기 아들이 동성애자 교사에게 수업을 받지 않도록 해줄 것을 요구했다. 교장은 종이 한 장과 펜을 집어들며 이렇게 말했다. "봅시다. 그 선생님이 유색인이라면 어땠을까요? 그건 괜찮나요? 선생님이 유대인이라면요? 그건 괜찮나요?" 교장은 그 종이를 구겨버리고선 "아뇨. 우리 이러지 말죠. 댁의 아드님은 그 수업을 듣는 겁니다." 이 이야기의 결말은 아름답다. 동성애자 교사는 결국 소년이 가장 좋아하는 스승이 되었고, 그 아버지는 이후에 교장을 다시 찾아와 그때의 일에 대해 감사의 마음을 표했다.

신화와 스테레오타입에 대해 경청해보자

우리는 앞 장에서 LGBTQ+에 관한 신화와 스테레오타입의 영향력에 대해 살폈다. 이제는 그것들에 대해 귀 기울여보는 기회를 가져보자. LGBTQ+에 관한 많은 사람들의 우려는 신화이고 스테레오타입이며 잘못된 정보다. 루는 LGBTQ+들이(물론 시스젠더 이성애자 앨라이들도 역시) 아이들을 포섭해 세뇌시키려는 '어젠다'를 갖고 있다는 신화를 가지고 있었다. 그는 자신의 걱정을 곧장 공개적으로 밝혔고, 따라서 그 문제를 다루기 용이했다.

때때로 누군가의 발언이나 걱정은 자기 아들이 동성애자 교사에게 배우는 것을 꺼렸던 아버지의 경우처럼 미묘하다. 만약 이 아버지가 여러분에게 걱정을 털어놓았는데 여러분이 이렇게 반응했다고 생각해보자. "흠. 저는 동의하지 않습니다. 저는 제 아들이 동성애자 교사의 수업을 듣는 데 아무 이의 없어요." 이것은 LGBTQ+ 커뮤니티에 대한 '지지'를 보여주지만, 실질적으로 관건인 '걱정'을 다루지는 못한다.

더 나은 방법은, 이 아버지가 아들이 동성애자 교사에게 배우는 것과 관련해 구체적으로 무엇이 걱정인지 이야기할 수 있도록 독려해 그것을 경청한 후 그 두려움 이면에 있는 신화에 대해 이야기를 꺼내는 것이다. 사회사업 분야에서 석사학위 과정을 밟는 동안 내가 깨달은 한 가지는 다른 질문보다도 '왜'로 시작하는 질문을 먼저 던질 경우 사람들은 더욱 방어적인 태도를 취한다는 것이다. 따라서 "왜 그렇게 말씀하시나요?" 대신 "당신이 그렇게 말하도록 만든 건 무엇일까요?"가 낫다. 아니면 그저 "당신이 걱정하는 것에 대해서 좀 더 얘기해주세요"라고 해도 좋겠다.

그렇게 해서 문제의 근본이 무엇인지 알아차렸다면, 아마도 여러분은 이 사람이 갖고 있는 지식에 동성애자 남성에 대한 몇몇 혹은 여러 신화가 포함되어 있음을 알게 되었을 것이다. 어쩌면 그는 동성애자 남성이 소아성애 경향을 갖고 있고, 소년들에게 나쁜 역할모델로 작용할 수 있으며, 소년들을 게이 '라이프스타일'에 물들게 만들려 하고, 극도로 문란하다고 실제로 믿고 있을지도 모른다.

이제 여러분이 선택할 차례다. 속으로 '와! 이 남자 완전 동성애혐오자잖아!' 하고 생각할 수도 있고, 아니면 공감하며 이 사람이 부모로서 마땅히 그럴 수밖에 없는 행동을, 즉 잠재적으로 위험하다고 여겨지는 상황으로부터 자기 아이를 안전하게 보호하려는 행동을 하는 거라고 인정할 수도 있다. 이 사람을 동성애혐오적인 멍청이가 아니라 잘못된 정보를 갖고 있을 뿐인 걱정 많은 좋은 아버지로 생각하는 것이 존중에 기반한 대화를 시작하는 최선의 방법이다.

이제 이러한 팁들을 활용해 섣불리 판단하지 않는, 존중에 기반한 대화를 시작해 서로의 생각과 경험을 나눌 수 있을 것이다. 그 아버지는 자신이 동성애자 남성에 관한 정보를 어디서 얻었는지 이야기할 수 있고 여러분도 자신의 경험과 정보를 공유할 수 있다. 만약 여러분이 개인적으로 동성애자 교사에 대한 좋은 경험을 가지고 있다면 그 이야기를 나누도록 하자. 만약 여러분이 실제로 신화가 틀렸음을 증명하는 데이터를 가지고 있다면 그것도 공유하도록 하자.

여러분이 모든 신화와 스테레오타입과 오해에 대해 언제든지 반박할 수 있는 팩트들을 모조리 가지고 있을 수는 없다. 밖으로 나가 대화를 하기 전부터 반드시 모든 반박 자료를 갖추고 있어야 한다고 걱정할 필요는 없다. 우리는 모두 해나가면서 배운다. 끊임없이 스스로 배우고, 팩트에 익숙해지고, 더 잘 알게 되면 다시 대화의 현장으로 돌아오는 것을 잊지 말자.

자신이 어느 지점에서 예민해지는지 인식하자

개인적으로 여러분이 어떤 질문과 주제에 민감하게 반응하는지 아는 것은 능력 있는 교육자가 되는 데 중요한 과정이다. 자신이 민감하게 반응하는 지점을 파악하고 나면, 혼자 있는 공간에서 침착한 상태에서 적절한 반응을 연습해볼 수 있다. 자신의 민감한 지점을 아직 파악하지 못한 상태에서 어떤 발언이나 질문을 접하고는 귀와 코에서 김이 뿜어져 나온다면, 일단 시간을 버는 게 좋은 전략이다. "그에 대해 생각해보고 다시 말씀드릴게요"라든가 "아이고, 내 정신! 오븐에 피자가! 잠시 있어봐요. 곧 돌아올게요!"라든가.

앞서 언급했듯 나는 심적 압박을 받는 상태에서 생각하는 데 능하지 않은데, 많은 경우 결국 그 지경에 이르고 만다. 나는 주로 몇 주 뒤 다시 와서 이런 말을 하기 일쑤다. "안녕하세요. 몇 주 전에 우리 대화 기억해요? 당신이 왜 이성애자 자긍심 행진은 없냐고 물어봤었죠. 제가 좀 생각해봤어요." (이 질문에 어떻게 대답해야 할지 모른다면, 흔히 받는 질문을 다루는 법에 관한 9장을 보라.)

또 나는 사과해야 하는 일에는 만기가 없다고 굳게 믿는다. 나는 마음을 짓누르던 대화를 몇 달 만에 다시 들춰 내가 망쳐버리거나 지나치게 예민하게 반응한 데 대한 사과를 하기도 한다. 나의 때늦은 사과는 결국 멋진 대화와 더 굳건해진 관계로 귀결된다.

앨라이가 줄 수 있는 선물

너른 마음과 평가하려 들지 않는 태도, 그리고 (비난조 없는) 유머 감각을 겸비하고 잘만 한다면 앨라이는 다른 이들에게 멋진 선물을 안겨줄 수 있다. 앨라이들은 자신과 비슷한 사람들과 연결되어, 바보 같은 질문을 하고 구식 어휘를 사용하며 실수를 하더라도 마냥 주눅 들지 않을 공간을 만들 수 있다.

우리가 줄 수 있는 작은 선물은 우리가 가진 정보를 누군가와 공유하는 것이지만, 누구도 재단당하거나 수치스럽게 느끼지 않고 서로의 이야기를 경청하고 공유할 수 있는 공간을 만드는 것—그거야

말로 이 세상에 훨씬 더 많이 필요하다—은 우리가 줄 수 있는 커다

란 선물이다.

⑧장 흔히 하는 실수들

유일하고도 진정한 실수는 그로부터 아무것도

배우지 못하는 실수다.

—존 파월

"그냥, 하면 안 되는 말이 뭔지 알려주세요." 이런 요청이 너무 흔해서, 이 책이 어휘에는 별로 집중하지 않음에도 불구하고, 구식 용어와 문화적 결례에 관한 장을 추가하기로 했다. 그러나 사람들은 각자 다양한 정체성을 가지고 다양한 방식으로 스스로를 정의하므로, 무엇이 모욕적이고 무엇이 그렇지 않은지에 대해 서로 의견을 달리하기도 한다. 흔히 하는 실수들을 살펴보기에 앞서 모든 이가 똑같이 그것을 실수라고 생각하는 건 아님을 알아두었으면 한다. 이 장에서 제시하는 것들은 그저 상대방이 어떻게 정체화하는지 모를 때사용하기 좋은 정중한 어휘일 뿐이다.

160

트랜스젠더는 형용사다

'트랜스젠더'와 그 축약어인 '트랜스'를 둘러싸고 사람들은 매우 창의력을 발휘하기 쉽다. 대개의 경우 창의력은 좋은 것이지만, 이 경우에는 아니다. '트랜스젠더'의 창의적 변형 중 일부는 상당히 모욕적인 표현이다.

'트랜스젠더'와 '트랜스'는 형용사로, 명사를 수식하는 단어다. '게이'나 '퀴어'도 마찬가지이지만, '트랜스젠더'와 '트랜스'가 가장 자주 오용되는 듯하다.

옳은 표현	잘못된 표현
A transgender man (트랜스젠더 남성)	A transgender (트랜스젠더의)
Trans folks (트랜스 사람들)	The transgenders (그 트랜스젠더들의)
They are a transgender person. (그는 트랜스젠더이다.)	They are a transgendered person. (그는 트랜스젠더의 사람이다.)

'트랜스젠더'를 둘러싼 또 한 가지 창의적 변형이자 잘못된 표현은 '트랜스젠더링'이다. 그들은 트랜지션하지_transition_, 트랜스젠더하지 않는다.

또 사람들은 '트랜스젠더 남성'과 '트랜스젠더 여성'을 헷갈려하며, 뭐가 뭔지 모른다. 내가 이걸 처음 구별할 때 도움이 됐던 팁이하나 있다. 잘못된 젠더 어휘가 들어가 있는 정체성을 자기 것으로 받아들인다는 건 상식적이지 않다는 것이다. 따라서 아주 단순히 말하자면 정체성은 그 사람의 출발한 곳이 아니라 목표하는 곳을 말한다. 멋진 배우 래번 콕스Laverne Cox를 떠올려보자. 출생 시에는 지정 성별이 남성이었지만, 지금 그녀는 여자다. 그녀는 자기 정체성 용어의 어느 부분에도 남성 혹은 남자라는 말이 들어가길 원치 않을 것 같다는 게 내 생각이었다. 그녀는 트랜스젠더 여성이다.

'선호'라는 말을 피하자

사람들에게 자신이 선호하는 대명사를 알려달라고 하는 것은 수년 간 일반적이었다. 여러분은 이 장황함을 여러 문서 양식에서 여전히 볼 수 있을 것이다. 나를 비롯한 많은 사람들은 '선호하는preferred'이라는 단어를 버리고 그저 "어떤 대명사를 사용하시나요?"라고 묻는다. '선호하다'라는 단어는 그것이 그 사람의 정체성의 일부임이 아니라, 그가 그것을 골랐음을 함의한다. '역지사지' 기술을 적용해보면 이를 더 잘 이해할 수 있다. 시스젠더인 사람에게는 아무도 그가 어떤 대명사를 선호하는지 묻지 않는다. 그냥 그들의 대명사는 이미 존재한다. 선호하는 대명사를 묻는 것은 그 사람이 특정한 대명사를 선호할 테지만, 상황이 여의치 않은 경우 다른 대명사여도 상관없다는 뜻을 함의한다.

누구에게 끌리는지에 관해 이야기할 때 역시 '선호'라는 단어를 피하는 게 좋다. 종종 "그건 그의 성적 선호sexual preference야"라는 말을 듣는다. 그보다 "그건 그의 성적 지향sexual orientation이야"라고 하는 편이 더 낫다. 다시 말하건대, '선호'라는 단어는 그 사람의 끌림이 그 자신의 일부가 아니라 선택임을 함의한다. 다음 두 문장의 차이를 생각해보자. '그녀는 여성에게 끌려'와 '그녀는 여성과 잠을 자는 걸 선호해'. 두 번째 문장은 '맞아, 그녀는 여성과 잠을 자는 걸 선호해. 하지만 주변에 여성이 없으면 누구라도 상관없을 거야'라는 말처럼 들릴 수도 있다. 사용하는 어휘에 함축된 의도를 고려하고 '선호'라는 말을 피함으로써 우리는 사람들이 자신의 지향이나 젠더를 고르는 것이 아님을 나타낼 수 있을 것이다.

트랜지션이 전 생애에 걸친 일임을 인정하는 어휘를 사용하자

'완전한 트랜지션'이라든가, 오븐에서 빵을 굽듯 당사자가 트랜지션을 '완수했음'을 함의하는 말은 어떤 것이든 사용하지 말자. 내가 만난 어떤 트랜스젠더도 자신의 트랜지션이 완료되었다고 이야기하지 않았다. 트랜지션은 평생에 걸친 여정이다. 모든 트랜스젠더들은 그 과정에서 자신만의 결정을 내리며, 살아가면서 그 결정들이 바뀔 수도 있다. 트랜지션 경험에는 법적 이름 변경(일부 혹은 모든 서류상), 호르몬 치료, 여러 외과 수술 등이 수반될 수도 있고 그렇지 않을 수도 있다. 트랜스젠더 개인은 각자 자신에게 맞는 것이 무엇인지, 또 자신이 감당할 수 있는 것이 무엇인지 결정을 내려야 하고, 자신의

신체가 나이 들고 변화하면서 새롭게 필요해지는 의료 조치가 무엇
인지 판단해야 한다.

○　　　막간 퀴즈

트랜지션 중인 동료와 일상적인 관계로 만날 때, 우리는 언제부터 이름과
대명사를 바꿔 불러야 할까?

　A. 그 동료가 우리에게 자신의 새 이름과 대명사를 사용해달라고 요청할
　　　때부터.

　B. 그 동료가 우리에게 자신의 새 이름과 대명사를 사용해달라고
　　　요청하며, 실제로 법적 이름이 바뀐 때부터.

　C. 그 동료가 우리에게 자신의 새 이름과 대명사를 사용해달라고
　　　요청하며, 실제로 법적 이름이 바뀌었고, 의료적 트랜지션을 마쳤고,
　　　'마쳤음'이라는 스티커를 부착하고 다닐 때부터.

정답: A

이상적으로는, 직장의 경영 및 인사 담당 부서가 트랜지션 중인 해당
직원과 만나 새 이름과 대명사를 다른 직원들과 공유하는 문제에 대한
결정을 포함하는 직장 내 트랜지션 계획을 함께 수립했어야 한다. 동료로서
우리는 받은 지침대로 새 이름과 대명사를 사용할 의무가 있다. 동료의 새
이름과 의료적 선택들의 합법성은 우리가 관여할 문제가 아니며 그래서도
안 된다.

여기서 아주 유용한 것이 '역지사지' 기술이다! 동료에게 이런 말을 한다는
게 상상이나 되는가?

"결혼 축하해요! 당신이 우리에게 새로운 성姓을 사용해달라고 요청했다고
들었어요. 실제로 법적으로 성이 바뀐 거 맞아요? 그렇지 않다면 서류상
변경이 완료될 때까지 예전 성명으로 부르려고요."

"타냐, 제 아내가 자궁절제술을 받아야 하나 고민하고 있어요. 타냐는
여전히 자궁을 가지고 있어요?"

트랜지션은 심리적으로 두렵고 시간이 오래 걸리는 과정이며, 금전적 부담 또한 매우 크다. 많은 이들이 호르몬 치료와 필요한 외과 수술 비용을 감당하지 못한다. 법적 이름 변경은 아주 복잡하고, 주중에 풀타임으로 일하는 사람들이 엄두 내기 어려우며, 비용도 많이 든다. 트랜스젠더가 법적 이름 변경을 포기하는 다른 이유로는 안전 문제, 보험 적용 여부, 나이, 지원 체계 여부 등이 있다.

위의 이유들을 고려할 때, 트랜지션의 '완료' 여하에 따라 트랜스젠더들에게 법적 제재를 부과하는 것—드물지 않게 있는 일이다—은 매우 불공정하다. 예컨대 미국의 많은 주에서 트랜스젠더 개인이 주민등록상의 이름 변경을 신청하기 위해서는 특정한 외과 수술을 받았음을 증명해야 한다. 앨라이로서 우리는 모든 트랜스젠더가 트랜지션을 하는 것은 아니며, 한 사람의 트랜지션은 결코 '완료'되지 않는 과정이라는 현실을 널리 알릴 수 있다.

LGBTQ+ 인권운동 단체인 휴먼라이츠캠페인*HRC* 웹사이트 (https://www.hrc.org/resources/workplace-gender-transition-guidelines)를 방문하면 직장 내 트랜지션 가이드라인과 최고의 연습 팁 등 훌륭한 자료를 얻을 수 있다.

현재에 충실하자

현재에 집중한다면, 트랜스젠더에 대해서 혹은 트랜스젠더와 이야기할 때 다음의 간단한 규칙들을 따를 수 있어야 한다.

- 언제나, 그 사람의 과거에 대해 이야기할 때조차, 그 사람의 현재 이름과 대명사를 사용한다.
- 트랜스젠더인 누군가의 이전 이름이 무엇이었는지 묻지 않는다.
- 트랜지션 이전 사진을 보여달라고 부탁하지 않는다.

많은 트랜스젠더에게 트랜지션 이전은 잘못된 것 같은 방식으로 자신을 표현하도록 강제되었던 고통스러운 시간이었다. 그들에게 예전 이름과 대명사를 사용하거나, 예전 이름이 뭐였는지 묻거나, 트랜지션 이전 사진을 보여달라고 하는 것은 아주 불행했던 곳으로 돌아가라는 주문과 같을 수도 있다.

트랜스젠더인 누군가의 과거를 지칭해야 할 경우, 부적절하게 그들을 아웃팅하지 않으려면 다음과 같은 존중에 기반한 의사소통 팁 몇 가지를 참고하면 좋다.

- "당신이 남자아이였을 때…" 혹은 "당신이 여자아이였을 때…"라는 말 대신 "당신이 트랜지션하기 전에…"라고 말하자.
- 누군가가 "남자로 태어났다"라거나 "여자로 태어났다"라고 하는 대신, 그 사람이 어떠한 성별을 "출생 시 지정받았다"라고 말하자. 2장에서 '시스젠더'라는 용어를 정의할 때 나는

결코 '시스젠더는 생물학적 성이 젠더 정체성과 일치하는 사람'이라고 말하지 않았다. 나는 '시스젠더는 출생 시 지정받은 성별이 자신의 젠더 정체성과 일치하는 사람'이라고 했다. 우리가 지칭하는 것이 그 사람의 염색체, 호르몬 수치, 재생산 기관 등이 아니라 의사가 신생아의 다리 사이를 들여다보고 말한 것일 경우, '생물학적 성'보다 '출생 시 지정받은 성별'이라고 하는 편이 더 정중한 표현일 뿐 아니라 더 정확한 표현이다.

동성애자 커플에게 누가 남자 역할이고 누가 여자 역할인지 묻지 말자

이 흔한 질문은 모든 연인 관계가 이성애자 커플에서 전형적으로 나타나는 남성적 남성과 여성적 여성으로 이루어진 구조를 따라야 한다고 가정한다. 시스젠더 동성애자 남성인 내 친구 샘은 이 질문을 받을 경우 자신의 감정 상태를 다음과 같이 멋지게 표현했다.

> 응? 누가 집 안 청소를 하는지 묻는 거야? 아니면 침실에서 누가 탑이고 누가 바텀이냐고 묻는 거야? 우리 중 한 명이 여자 행세를 하냐고, 혹은 그러고 싶어 하냐고 묻는 거야? 너무 많은 것을 함의하는 질문이다! 그 질문은 모든 법의

보호를 받는 커플들이 이분법적 성역할 구분에 들어맞는다고 가정한다. 동성애든 이성애든 모든 파트너십은 다양한 기술, 관심사, 스타일, 성격의 조합을 가진 사람들이 함께 만나는 것이다. 당연히 이 질문에 대한 대답은 우리 둘 다 '남자 역할the man'이라는 것인데, 왜냐면 우리 둘 다 남자니까! 그렇지만 더 중요한 것은, 우리 둘 다 우리 자신이라는 것이고, 다른 이가 말하는 남자 혹은 여자의 정의에 맞추려 할 수는 없다는 것이다.

그 용어 대신 이 용어를 사용하자

이 섹션에서는 일반적으로 인기를 잃은 낡은 용어들을 소개하려 한다. 물론 그 용어로 자기 자신을 지칭하는 LGBTQ+들이 여전히 있으며, 그들이 그것을 사용하는 경우 당연히 우리 역시 그 용어를 받아 사용해야 한다. 그러나 일반적으로 낡은 용어를 새로운 용어로 바꾸는 게 상대를 존중하는 출발점이 될 수 있다.

'트랜스섹슈얼' 대신 '트랜스젠더'를 사용하자

'트랜스섹슈얼'은 특히 젊은 사람들에게 인기를 잃은 낡은 용어다. 어떤 이들은 그 단어에 '섹슈얼'이라는 말이 들어가서, LGBTQ+는 전부 성과 관련 있다는 편견을 강화하기 쉽다는 이유로 싫어하기도 한다. 또 다른 사람들은 '트랜스섹슈얼'이 젠더 정체성이 아니라 성에 초점을 맞추기 때문에 부정확하다고 여긴다. 게다가 '트랜스섹슈얼'이라는 용어는 애초에 심리학계에서 정신 장애를 진단하기 위해 사용해온 용어여서 부정적인 뉘앙스를 줄 수 있다. 이제는 대부분의 사람들이 '트랜스젠더' 혹은 간단히 '트랜스'라는 용어를 사용한다.

　'트랜스젠더'라는 단어는 개인의 정체성을 나타내는 데 사용되기도 하지만 그 커뮤니티를 지칭하는 포괄적 용어로 쓰일 수도 있다. 트랜스젠더라는 포괄적 용어 아래 들어가는 사람들을 나는 젠더 무법자(케이트 본스타인에게 감사를!)'라고 칭한다. 젠더 무법자는 사회의 엄격한 젠더 역할이나 기대에 순응하지 않는 다양한 개인들을 일컫는다. 트랜스 여성, 논바이너리, 트랜스 남성, 젠더퀴어, 젠더 플루이드, 에이젠더, 두 영혼, 젠더 익스팬시브*gender expansive*, 젠더 비순응*gender nonconforming* 등에 해당하는 사람들이 젠더 무법자에 포함될 수 있다.

'트랜스베스타이트' 대신 '크로스드레서'를 사용하자

'트랜스베스타이트*transvestite*' 역시 낡은 용어다. 그 단어는 머릿속에서 지우고 '크로스드레서*cross-dresser*'를 입력하자. 크로스드레서는 사회적으로 그 사람의 젠더에 적절하다고 여겨지지 않는 복장을 즐기는 사람이다. 크로스드레싱은 젠더 표현에 해당한다. 크로스드레싱을 한다는 것이 그 사람의 젠더 정체성이나 지향을 말해주는 것

---

1 [옮긴이] 미국의 작가이자 젠더 이론가인 케이트 본스타인(Kate Bornstein)의 책 『젠더 무법자』(바다출판사, 2015)는 국내에도 번역 출간된 바 있다.

은 아니다.

'호모섹슈얼' 대신 '게이'를 사용하자

많은 사람들이 '트랜스섹슈얼'이라는 용어를 싫어하는 것과 같은 이유로 '호모섹슈얼'이라는 말을 싫어한다. '섹슈얼'이라는 말이 포함되어 있으며, 원래 심리학계에서 정신 장애를 가진 사람들을 진단하는 데 사용하던 용어이기 때문이다.

○　막간 퀴즈

동성애는 정신 장애가 아님을 최초로 공표한 두 나라는 어디일까?
  A. 미국과 캐나다
  B. 뉴질랜드와 오스트레일리아
  C. 스웨덴과 덴마크

정답: B

1973년 10월 오스트레일리아 뉴질랜드 왕립 정신의학 대학교 연방회의*The Royal Australian and New Zealand College of Psychiatrists Federal Council*는 동성애를 정신질환 목록에서 삭제했다.

'정상적' 대신 '전형적'을 사용하라

흔하거나 쉽게 예상되는 젠더 정체성, 젠더 표현, 생물학적 성에 대해 논할 때는 '전형적인*typical*'이라는 말을 사용하는 것이 좋다. '정상적인*normal*'이라는 말은 피하자. 정상의 반대는 비정상으로, 상당히 기분 나쁜 뉘앙스를 준다.

'자웅동체' 대신 '간성'을 사용하라

4장에서 살폈듯이 '자웅동체'는 구식인 데다 부정확한 용어로, 자연적인 신체 변이를 병리화한다. 간성intersex인 사람에 대해 이야기할 때는 '상태condition'나 '장애disorder'라는 말도 피해야 한다. 그 말들은 간성을 잘못되었다거나 비자연적이라고 전제한다. 간성인 사람들이 지닌 생물학적 변이는 멋지고 자연적이다.

'반대 성 혹은 젠더' 대신 '다른 성 혹은 젠더'를 사용하라

'반대'라는 말을 피하고자 샘 킬러먼이 고안한 '속성-Ness' 모델을 떠올려보자. '반대' 대신에 '다른'을 사용해 "나는 나와는 다른 젠더를 가진 사람에게 끌려"라고 말하는 것이다. 만약 여러분이 이성애자라면 "나는 반대 성에만 끌려" 대신 "나는 ['남성' 혹은 '여성'으로 빈칸을 채우자]에게만 끌려"라고 바꿔 말할 수 있다.

이런 단어는 아예 쓰지 말자

라이프스타일

숲속에서 전기와 양변기 없이 살아가는 것은 라이프스타일이다. LGBTQ+로 사는 것은 라이프스타일이 아니다. 그것은 그 사람 자체다. 이성애자 라이프스타일이란 게 없는 것과 마찬가지로 동성애자 라이프스타일이란 것도 없다.

트래니_tranny_, **패그**_fag_, **다이크**_dyke_

이 말들이 LGBTQ+ 커뮤니티 내에서 농담조로 자주 말해지기는 하지만 외부자들이 사용하기에 적절한 말은 아니다. (그 이유에 관해서는 9장을 보라.) 앨라이로서 우리는 이런 말들이 매우 모욕적이라는 사실을 사람들이 이해하도록 도와야 한다.

○ **막간 퀴즈**

이 장을 막 다 읽고서, 만약 나 자신이 그동안 이런 실수 중 하나 이상을 저질러왔으며, 난감한 기분이 든다면 어떻게 하는 게 좋을까?

A. 나는 형편없는 사람이며 가망 없는 앨라이라고 생각하며 책을 덮는다.

B. 이런 실수를 해도 괜찮다고 생각한다. 나 자신은 앨라이이기 때문에 그래도 괜찮다.

C. 우리 모두가 실수를 할 수 있음을 기억한다. 나 자신의 미숙함을 인정하면서도 앞으로 나아가기 위해 노력한다.

정답: C

자신의 미숙함을 인정하되, 단지 여러분이 앨라이라는 이유로 면죄부가 주어지는 건 아님을 명심하자. 여러분은 다른 모든 사람들과 마찬가지로 자신의 말과 행동에 책임을 져야 한다.

내가 본 시스젠더 이성애자의 '앨라이 패스' 사용 중 가장 끔찍한 경우는 학교 교사들과 함께 진행한 워크숍에서였다. 나와 공동으로 워크숍을 진행한 젊은 트랜스 남성이 그 학교를 다녔던 학생이었고, 좌중의 몇몇 교사들이 트랜지션 전의 그를 알고 있었다. 워크숍 시작 전에 한 교사와 담소를 나눌 때 그 교사는 계속해서 그를 예전의 대명사로 지칭했다. 내가 "저 친구는 '그_he_'라는 대명사를 사용하고 있으니 참고하세요"라고 말하자 그 교사는 "아, 우리가 알고 지낸 세월이 있는데 제가 그렇게 말하는 건 괜찮잖아요"라고 대답했다.

설사 우리가 LGBTQ+ 친구들을 많이 알고 있다 하더라도, 앨라이가 무례하고 상처 주는 말을 해도 되는 특별 패스를 얻는 것은 아니다. 실제로는 그 반대다. 우리는 가능한 한 가장 포용적이고 지지의 의도를 담은 언어 모델을 구축해 래번 콕스처럼 우리 자신이 '가능성의 모델'이 되어야 한다.

그러니 우리 모두가 실수를 한다는 것을 기억하자. 실수를 했을 때는 사과하고, 자신을 용서한 후, 다음번에는 그 실수를 바로잡도록 노력해야 한다.

스스로에게 잘해주자

그래도 여전히 스스로가 바보처럼 느껴지는가? 까다로운 당신을 위해 첨언한다. 여러분은 절친한 친구가 실수했을 때 어떤 반응을 보이는가? 아마도 이런 얘기를 할 것이다. "이런 건 우리 대부분에게 새로운 정보야. 너도 몰랐잖아. 앞으로 나아가며 새로운 것들을 알게 되는 게 멋지지 않아? 괜찮아, 친구야. 넌 대단해!" 같은 이야기를 여러분 자신에게도 해주자.

3부

더 포용적인 공간을
만들기 위해 행동하기

9장 이성애자 자긍심 행진과 특별 대우: 흔한 질문을 다루는 법

이성애자 자긍심 행진이 없는 이유를 궁금해하는

대신, 그런 게 필요하지 않다는 데 감사하라.

—앤서니 벤브라운

LGBTQ+ 교육자로 지낸 15년간 나를 깜짝 놀라게 한 질문들이 몇
몇 있다.

"알루미늄 캔이 동성애를 유발한다고 생각하시나요?"
"당신이 레즈비언인 걸 당신 남편도 알고 있나요?"

가장 재미있었던 일화는 다양성 콘퍼런스에서 내가 진행했던 '앨
라이의 힘*Power of the Ally*' 트레이닝 세션에 들어온 사람의 다음과 같

은 질문이었다.

"군사동맹에 대해 이야기하는 시간 아니었나요?"

앞으로 언급할 질문들은 끊임없이 반복해서 제기되곤 한다. 앨라이로서 우리는 이런 흔한 질문을 숙지하고 적절한 대답을 생각해볼 필요가 있다. 다음은 준비된 앨라이로서 여러분의 삶에서 익숙해지면 좋을 아홉 가지 흔한 질문과 그에 대한 답변의 예시들이다.

LGBTQ+ 인권 측면에서 요즘 세상은 꽤 살 만하지 않나요? 뭐가 부족하죠?

이제 LGBTQ+들이 각자의 권리를 잘 보장받고 있고 대부분 평등하고 공정하게 대우받고 있다는 신화가 앨라이로서 더욱 적극적일 수도 있을 많은 사람들을 그러지 못하도록 방해한다고 생각한다. 답은 아니요다. LGBTQ+ 인권 측면에서 요즘 세상은 아직 충분히 살 만하지 않으며, 여전히 많은 것이 부족하다.

대답에 대한 근거로 미국에서 LGBTQ+ 개인들이 연방 차원의 적절한 법적 보호를 받지 못한다는 사실을 이야기하고 싶다. 무려 절반가량의 주에서 개인의 지향을 이유로 직장에서 해고하고, 공공주택에서 퇴거시키고, 식당 출입을 거부하는 것이 합법적으로 가능하다.[1] 이는 우리의 동료 시민인 레즈비언, 게이, 바이섹슈얼, 팬섹슈얼들에게 영향을 미친다. 또 3분의 2에 해당하는 주에는 트랜스젠더에 대한 법적 차별이 여전히 존재한다.[2] 많은 사람들이 잘 알지 못하는 사실이므로, 이를 공유할 필요가 있다. 몇몇 국가에서 LGBTQ+는 체포와 처벌의 대상이 되며, 어떤 경우에는 사형에 처해지기도 한다. 여러분의 국가가 정해놓은 이들의 법적 권리와 보호에 관해 잘 알아두자.[3] 위키피디아에서는 국가별, 지역별 LGBTQ+ 권리에 관한 최신 정보를 알아보기 쉽도록 페이지를 게재해두고 있다.[4]

　LGBTQ+의 권리 현황에 대한 정보를 공유하는 것은 '큰 그림'에 해당하는 대응이다. 개인적 대응으로도 이 질문에 대답해볼 수 있다. 내가 스스로 해보는 개인적 대응은 시스젠더 이성애자로서 '나는 할 수 있지만 내 LGBTQ+ 친구들은 할 수 없는 것들'을 생각해보는 것이다.

1　Human Rights Campaign, "State Maps of Laws & Policies," https://www.hrc.org/state-maps/.

2　같은 글.

3　[옮긴이] 2022년 현재 국내에는 트랜스젠더의 법적 성별 변경에 관한 법률은 없으며, 변경 신청 건에 대해서는 가족관계등록예규 제550호 '성전환자의 성별정정허가신청사건 등 사무처리지침'을 참고해 각 판사가 판단하여 결정을 내리고 있다. 이와 관련한 자료는 트랜스젠더 인권단체 조각보의 홈페이지를 참고하라. (http://www.transgender.or.kr/29/?bmode=view&idx=6259214&back_url=&t=board&page=) 잘 알려졌듯이, 2020년 성별정정 허가를 받은 한 트랜스젠더 여성이 숙명여자대학교에 합격했음에도 반대 여론에 못이겨 입학을 포기했다. 앞서 같은 해에는 육군 복무 중 상관에 보고 후 성전환수술을 받고 여군으로 복무를 이어나가고자 한 변희수 하사에게 강제전역 처분이 내려졌고, 이에 변 하사는 전역처분 취소 행정소송으로 맞서던 중 2021년 3월 스스로 목숨을 끊었다. 그녀는 사망 후 2021년 10월 7일 소송에서 승소했다. 비슷한 시기, 트랜스젠더 극작가 이은용과 트랜스젠더 활동가이자 교사, 정치인인 김기홍도 유명을 달리해 LGBTQ+ 커뮤니티와 앨라이들의 마음을 울렸다.

4　Wikipedia, "LGBT Rights by Country or Territory," https://en.wikipedia.org/wiki/LGBT_rights_by_country_or_territory.

- 나는 웬만하면 어딜 가든 안전하고 편리하게 용변을 볼 화장실을 찾을 수 있다.
- 내 남편과 나는 웬만하면 어디서든 안전을 걱정하지 않은 채 손을 잡고 걸을 수 있다.
- 나는 의료적으로 위급한 상황에서 부적절하게 다뤄지거나 내 젠더 정체성과 다른 병동에 배치될 것을 걱정할 필요가 없다.
- 자라면서 나는 나처럼 시스젠더 이성애자들이 학교 교과 과정에서, 책에서, 영화에서 재현되는 모습을 끊임없이 봐왔다.

이러한 일상적인 현실은 LGBTQ+에게 더 포용적인 세상을 만드는 데 필요한 작업을 이해하도록 도와준다. 앨라이로서 바람직한 활동은 자신의 일상에서 스스로 이렇게 자문해보는 것이다. "만약 내가 ['유색인 트랜스 여성', '청각장애를 가진 동성애자 남성', '16세의 에이섹슈얼 소년' 등으로 빈칸을 채워보자]라면, 이 상황이 어떻게 다를까?" 이런 예시를 사용해 여러분은 쉽게 할 수 있지만 다른 이들은 그럴 수 없는 것들을 파악해보자.

그냥 모든 사람을 똑같이 대하면 되는 거 아닌가요?

많은 사람들이 평등한 세상을 만드는 데 모든 이를 똑같이 대하는 걸로 충분하다고 생각하며, 공정하고 정당하게 대하기 위해 다양한 집단에 대해 배워야 할 필요를 못 느낀다. 이것은 마치 "저는 피부색을 보지 않아요"라는 말과 비슷하다. 주변화된 커뮤니티의 사람들에게 이런 발언은 매우 민감하게 작용한다. 이럴 때 앨라이들은 거기에 개입해, 상대의 선한 의도를 가정하고, 그들의 입장에서 접근하고, 우리가 아는 것을 공유하고, 진실을 밝힐 안전한 공간을 만들 수 있다.

따라서 이런 질문을 들었을 때 앨라이로서 접근하기 가장 좋은 출발점은 심호흡을 하고 그 질문이 친절함에서 나온 것임을 기억하는 것이다. 실제로 이런 질문을 한 사람과 대화를 해보면 그는 모든 이를 똑같이 대하는 것이 불공정하고 편파적인 세상을 바로잡는 최선의 방법이라고 생각하고 있음을 알 수 있었다. 우리의 일은 그들의 선의와 더 나은 세상을 만들기 위한 그들의 기여에 감사하고, 그들이 그보다 더 나은 방법을 배울 수 있도록 돕는 것이다.

나는 그저 모두를 똑같이 대하는 것 이상의 노력이 필요함을 이해시키기 위해 두 가지 전략을 사용한다. 하나는 동등함equality과 형평성equity의 차이를 설명하는 것이다. 또 하나는 우리 모두가 교차적 존재로서 고유의 경험들을 가지고 있으며, 모든 사람을 똑같이 대하는 것은 잘해야 비생산적이고 자칫 모욕적일 수 있음을 이해시키는 것이다.

우선, 동등함과 형평성을 어떻게 구분할 수 있는지 효과적으로 교육하는 방법을 생각해보자. 내 것이든 허락받고 빌려온 남의 것이든 구체적 사례와 개인적인 이야기를 공유하는 것은 개념을 이해시키기 좋은 방법 중 하나다. 다음은 동등함과 형평성을 설명하는 방법에 대한 두 가지 사례다. 첫 번째는 용어 정의를 하는 것이고, 두번째는 두 개념이 세상에서 어떻게 작동하는지 사례를 제시하는 것이다. '모두를 똑같이 대하'면 할 일을 다한 것이라 생각하는 사람에게 어느 쪽이 더 효과적인 반응일까?

> 첫 번째 사례: 동등함은 모든 이가 같은 것을 얻거나 똑같은
> 대우를 받는 것인데, 이것은 모두가 같은 출발점에
> 있고 같은 필요를 가질 때에만 공정하다. 형평성은
> 개인들에게 각자가 행복하게 살기 위해 필요한
> 것을 제공하는 것이다.
> 두 번째 사례: 동등함은 모든 병사에게 270 사이즈의 신발을
> 제공하는 것이고, 형평성은 각자의 발에 맞는
> 치수의 신발을 제공하는 것이다.

어쩌면 여러분은 사전의 개념 정의를 설명하고 싶을 수도 있겠지만, 사람들이 알아듣기 쉬운 예시를 사용하는 것이 더 좋은 교육의 도구가 될 때가 많다.

개념을 실증해줄 개인적인 이야기가 훨씬 더 강력할 수도 있다. LGBTQ+의 맥락에서 동등함과 형평성을 설명할 때 나누고 싶은 내 개인적 경험이 있다. 의료 기관에 들어갈 때 누구나 그렇듯이 나 역시 작성해야 할 양식을 받게 된다(동등함). 시스젠더, 이성애자, 기혼

자이며, 일대일 관계를 지향하는 여성으로서 나는 대개 별문제 없이 그 양식을 작성해낸다. 즉, 나는 270 사이즈가 맞는 병사인 셈이다. 만약 내가 다자 관계를 지향하는 레즈비언 트랜스 여성이라면 그 양식은 내게 맞지 않을 것이다. '남성'이나 '여성'이라는 분류가 나를 대표한다고 생각하지 않을 것이다. 그 경우 나는 어떻게 반응해야 할지 잘 모를 것이다. 나는 그 양식이 내 생물학적 성별을 질문하는 것인지 내 젠더를 질문하는 것인지 헷갈릴 것이다. 어느 경우든 이 의료기관은 나 자신에 대한 완전한 상을 그리는 데 실패할 것이다. 이 경우 나는 또한 '기혼', '미혼', '이혼', '별거'라는 분류가 내 관계 상태를 나타낸다고 생각할 수 없을 것이다. 이 의료기관은 모든 사람에게 같은 양식을 요구함으로써 모두를 똑같이 대하고 있지만, 그 양식은 실제로 많은 사람에게 들어맞지 않는다. '모든 이를 똑같이 대한다'는 것이 무슨 뜻인지 자세히 들여다보면 우리는 종종 우리가 모든 사람을 백인, 이성애자, 시스젠더, 일대일 관계 지향, 비장애인, 중산층이라고 가정하고 대한다는 사실을 알게 된다.

모든 이를 똑같이 대하는 것이 좋다고 여기는 사람을 대할 때 앨라이로서 이 주제에 접근하는 두 번째 방법은 모든 사람이 각자 다른 정체성과 신념, 능력, 경험, 욕구를 가지고 있으며 그들이 반드시 다른 사람과 똑같은 대우를 받길 원하는 것은 아님을 이해하도록 도와주는 것이다. 나는 내가 친구들을 저녁 식사에 초대하는 경우를 예로 들어 이 개념을 설명하곤 한다. 마이크가 올 때면 나는 견과류 알레르기가 있는 그를 위해 견과류를 넣지 않은 음식들을 준비한다.

토드가 올 때면 나는 청각장애가 있는 그가 많은 사람들 사이에서 대화를 따라가기 힘들 것을 고려해 손님 규모를 작게 제한한다. 오언과 세라가 아이들을 데리고 올 때면 나는 장난감을 준비해놓는다. 팸이 올 때면 위스키 병이 넉넉하게 차 있는지 확인한다. 나는 내 친구들을 전부 똑같이 대하지 않는다. 내가 다르게 행동하면 그들이 내 집에 머무는 시간이 더욱 즐거워진다.

어째서 LGBTQ+들은 자신의 섹슈얼리티를 노골적으로 과시하나요?

이 질문에 대한 내 대답은 보통 '과시하다'라는 말의 의미가 무엇인지 알아보는 것으로 시작한다. LGBTQ+들이 자신의 섹슈얼리티를 과시한다고 생각하는 이유를 두 가지로 생각해볼 수 있을 텐데, 내 대답은 질문자의 반응에 따라 달라진다. 만약 실제로 그 사람이 자신의 정체성(들)을 한껏 과시하고 있다면 3장에서 살폈던 비비엔 캐스의 정체성 자긍심 단계로 돌아가 생각해볼 것이다. 그 단계에서 LGBTQ+ 개인이 마침내 자기 자신으로서 세상에 나왔을 때 얼마나 기분 좋아했는지 기억하는가? 이 단계에서는 조금은 '노골적으로' 굴 수도 있다. 그리고 나는 그들이 좀 그래도 된다고 생각하는 편이다. 그들은 너무나 오랜 시간 자기 자신을 숨겨왔고, 이제는 자신을 세상에 드러내는 일이 매우 환상적으로 느껴질 것이다.

노련한 앨라이라면 왜 이 사람이 자신의 LGBTQ+ 정체성에 그토록 열정적이며 그것을 세상에 공표하는 데 몰두하는지 사람들이 이해하도록 도와줄 수 있을 것이다. 여기서도 개인적인 사례가 유용할 수 있다. 여러분은 이렇게 말할 수 있다. "나 자신을 숨긴다는 것 혹은 내 정체성에 수치심을 느낀다는 것이 어떤 일인지 상상조차 할 수 없어요. 누구와 함께 살고 있는지 지난 주말에 무엇을 했는지 끊임없이 거짓말해야 한다는 것은 또 어떤 심정일까요? 나에게 문제가 없다고 믿기 힘들 수도 있을 것 같아요. 혹시라도 그 모든 것으로부터 자유로워질 용기를 갖게 되고 진정한 나 자신으로 살 수 있게 된다면 이루 말할 수 없이 멋진 일이겠어요! 모든 사람들의 얼굴에 무지개 가루를 뿌리고 싶을 것 같네요. 우리에게 인내심이 있고 이들을 지지한다면 [과시하는 친구의 이름을 넣어보자]는 안정감을 느낄 수 있을 거예요. 어쨌거나 지금으로선, 그를 위해 기뻐하고 스스로도 충분히 축하하게 두자고요."

때때로 누군가가 자신의 정체성을 '노골적으로' '과시하는' 듯 보일 수 있지만, 실상 그렇지는 않다. 오히려 '노골적 과시'가 불편하다고 느끼는 사람이 이중 잣대를 가졌을 수 있다. 내 친구이자 멘토인 스콧(나는 이 책을 그에게 바쳤다)은 자신이 미네소타의 시골에서 뉴저지 북부로 이주했을 때의 이야기를 들려주었다. 그곳에서 스콧은 갑자기 모든 사람이 자신의 유대교 신앙을 '노골적으로' 드러내는 것 같다고 느꼈다. 그는 새로운 단어들(예컨대 생선 요리를 뜻하는 '게필테 피시')과 새로운 기념일들('나팔절'이라는 유대교 신년제)을 접하곤 '돌아버릴' 것 같았고, 사람들이 부적절할 정도로 자신의 신앙과 신념을 과시하는 듯했다고 말했다. 시간이 지나며 그는 그들도 자신의 고향 사람들이 성탄절, 부활절에 교회에서 각자 음식을 가져와 나눠 먹던 것과 다를 바 없는 행위들을 하고 있음을 깨달았다. 단지 그의 귀가 그 새로운 용어들을 듣는 데 익숙하지 않았을 뿐이다.

누군가가 동료에게 주말 동안 뭘 했는지 물었고, 그녀가 "여자친구랑 〈스타 트렉〉 컨벤션에 다녀왔어요"라고 대답했다고 해보자. 질문한 이는 이렇게 생각할 수 있다. '난 그저 예의 있게 스몰토크를 하려 한 것뿐인데, 자기 성 정체성을 노골적으로 나한테 드러내다니.' 그러나 만약 그 사람이 "남자친구랑 〈스타 트렉〉 컨벤션에 다녀왔어요"라고 대답했다면 그 발언을 대수롭지 않게 생각하고 '벌칸 인사'를 하는 등 무심히 넘겼을 것이다. 그 여성 동료는 그렇게 대답함으로써 자신의 섹슈얼리티를 과시한 게 아니다. 그녀는 직장에서 동료의 편의를 위해 대명사를 바꾸거나 거짓말을 하는 대신 그저 진정성 있게 말했을 뿐이다.

친구가 동성애자인 걸 '알고' 있는데, 어떻게 하면 저에게 커밍아웃을 하게 만들 수 있나요?

그럴 수 없다. 누구도 다른 사람을 억지로 벽장에서 끄집어내거나 쫓아낼 수 없다. 다만 할 수 있는 것은 만약 당신의 친구가 커밍아웃을 한다면 그를 100퍼센트 지지할 것이라는 확신을 주는 언어와 행동으로 안전하고 포용적인 공간을 만드는 것이다. 그 구체적인 방법 중 몇 가지는 다음과 같다.

- 말할 때든 글을 쓸 때든 언제나 포용적이고 젠더 구분 없는 언어를 사용한다. 예를 들면 "너 여자친구 있어?" 대신 "누구 만나는 사람 있어?"라고 물어보는 것이다.
- 동성애와 관련된 뭔가를 보거나 읽는 모습을 '들켜라'! LGBTQ+ 잡지나 출판물을 구독하고선 다 읽고 난 후 탁자에 놓아둔다. 또 LGBTQ+를 주제로 한 책을 읽고 눈에 잘 띄는 책꽂이에 꽂아둔다. 다음번에 LGBTQ+를 주제로 한 영화를 보자고 제안한다.
- LGBTQ+에 관련된 주제가 나오면 여러분의 생각을 표현한다. 단순히 "이 나라를 LGBTQ+들에게 더 안전하고 포용적인 사회로 만드는 데 더 노력을 기울여야 한다고 생각해. 아직 해야 할 일이 많아"라고만 해도 좋다.
- '나는 앨라이입니다'라는 배지를 달거나 커다란 무지개가 프린트된 티셔츠를 입는다!'

이 네 가지 팁은 우리가 LGBTQ+ 문화와 언어의 최신 정보에 익숙해질 수 있는 좋은 방법이며, 또한 우리가 그들을 환대하고 있음

---

1 이 방법들은 아웃 얼라이언스(Out Alliance)의 유인물 "내 아이가 LGBTQ+인가요?"에서 차용한 것이다.

을 세상에 드러내 보일 수 있는 좋은 방법이므로, 동성애자라고 생각되는 친구가 있을 때만 하지 말고, 언제나 자주 행하도록 하자. 그럼에도 친구에 대한 당신의 짐작이 틀렸을 수도 있음을 언제나 명심해야 한다. '게이더'는 믿을 게 못 된다는 걸 기억하자. 그래도 여러분은 앨라이이다. 세상에 나가 과시해도 좋다. 어쩌면 여러분의 '동성애자' 친구—알고 보니 그렇지 않은—또한 훌륭한 앨라이가 될 수도 있을 것이다.

어째서 이성애자 자긍심 행진은 없죠?

이 질문을 다루는 법을 제대로 아는 것은 앨라이들에게 매우 중요하다. 이 주제는 다양한 방식으로 변형될 수 있다.

"내 특별한 안전 공간은 어디 있지?"
"왜 LGBTQ+들은 자기가 특별하다고 생각하는 거지?"
"어째서 LGBTQ+들이 특별한 권리를 가져야만 하는 거지?"

이런 질문 이면에는 비슷비슷한 정서가 담겨 있다. 어째서 우리가 과하게 민감한 한 집단에 초점을 맞춰야 하는 것인가? 나머지 사람들보다 그들이 특별한 이유가 대체 뭔가?
LGBTQ+로 살아가는 여러 현실 중 몇 가지만 소개해볼까 한다.

이러한 현실 검증은 일반인보다 LGBTQ+ 인구집단에 특정한 안전 공간이나 떠들썩한 자긍심 행진이 훨씬 더 필요한 이유를 이해하는 데 도움을 줄 것이다.

현실 직시 #1

'이성애자 자긍심'은 늘상 일어나고 있다. 다시 말해 시스젠더 이성애자들은 어디서든 자신들이 재현되는 것을 끊임없이 확인한다. 나는 시스젠더 이성애자들이 대단한 물건을 발명하고, 멋진 미술작품을 만들어내고, 거대한 건물을 설계하고, 퓰리처상을 수상해왔다는 사실을 의심해본 적이 없다. 보통의 12년짜리 교육과정을 밟는 LGBTQ+ 어린이라면, 어떤 LGBTQ+도 대단한 일을 하거나 사회에 기여하지 못했다는 인상을 받을 수도 있다. 일반적으로 LGBTQ+들은 교과과정에서 LGBTQ+들이 재현되는 것을 보지 못한다. 주류 미디어, 영화, 뉴스, 책에서도 LGBTQ+가 긍정적으로 재현되는 것을 찾아보기는 여전히 어렵다. 일년에 단 한 번, 자긍심 행진에서만—운 좋게도 그 축제가 열리는 도시에 살고 있을 경우—LGBTQ+들은 자신과 같은 사람들이 공개적으로 자긍심에 차 자신의 존재를 축복하는 모습을 볼 수가 있다. 그러니 응원을 보내자!

현실 직시 #2

나는 1992년에 사회사업 분야에서 석사학위를 받았다. 그런데 흥미롭게도 다양성 수업에서 LGBTQ+는 다뤄진 적이 없었다. 그건

1992년도의 일이지 않냐고? 몇 년 전 내가 캘리포니아에서 워크숍을 진행할 때 참석한 한 젊은 여성이 이제 막 사회사업 분야에서 석사학위를 땄는데, 여전히 같은 현실이라고 말해주었다! 2016년의 사회사업 석사과정에서 다양성이란 인종, 민족, 장애 여부, 계급, 종교를 포함하는 개념으로, 거기에 LGBTQ+ 정체성은 포함되지 않았다. 다양성과 포용성에 관한 대화에서조차 LGBTQ+는 논외였다. 따라서 '우리는 차별하지 않습니다' 혹은 '여기서는 모두 환영입니다' 같은 일반적인 말들에는 사실상 'LGBTQ+는 제외하고'라는 이면의 의미가 깔려 있을 수 있다. LGBTQ+ 개인이 병원이나 상담기관, 학교, 휴양업소, 상점 등에 들어갈 때 그들은 일반적인 다양성 문구 이상의 것을 찾게 된다. 그들은 안심존 스티커라든가, 벽에 걸린 LGBTQ+ 관련 이미지, 대기실에 놓인 LGBTQ+ 잡지, 특별히 LGBTQ+를 언급하는 문구나 정책 표지 등을 탐지하려 한다. 그런 것을 찾지 못하면 다양성을 존중한다는 일반적 문구가 실제로 자신들에게까지 적용되는지 확신할 수가 없다. LGBTQ+들은 무지개 표식을 찾고 있다.

현실 직시 #3

LGBTQ+들은 특별한 권리가 아니라 남들은 이미 가지고 있는 인권을 찾는 것이다. 차별은 매우 실제적이다. 불행하게도 여전히 많은 국가에서, 그리고 미국의 많은 주에서 이들은 법적으로 차별당하고 있다. 갖지 못한 법적 보호를 얻기 위한 투쟁에서 그 싸움의 주체는

'특별 대우'를 바라는 사람이 결코 아니다. 또 그렇다고 해서 나처럼 법적 권리를 이미 정당히 갖고 있는 사람들이 덜 중요해지는 것은 아니다. 그들의 투쟁은 결코 나의 권리를 위협하지 않는다.

현실 직시 #4

어린이나 10대가 남들과 다르다는 이유로 학교에서 괴롭힘을 당할 때 대개의 경우 그들은 가정에서 위안과 지지받는 느낌을 필요로 한다. 괴롭힘이 인종이나 종교, 민족성에 관한 것이라면 그의 부모가 학창시절 같은 종류의 괴롭힘을 겪었을 터이므로 아이에게 유용한 대처 방법을 제안해줄 수 있을 것이다. 그러나 LGBTQ+ 자녀일 경우 때로는 부모가 스트레스와 위해의 주범이 되기도 한다. LGBTQ+ 아이는 의지할 곳이 아무 데도 없다는 느낌을 받는 독특한 상황에 처하기 쉽다. 앞서 언급했듯 LGBTQ+, 그중에서도 특히 트랜스젠더의 자살율과 자살시도율은 시스젠더 이성애자의 경우보다 현저히 더 높다. LGBTQ+에게 있어서 안전한 사람과 공간을 갖는 것은 문자 그대로 생명을 구하는 것이다.

어째서 LGBTQ+들은 그토록 화가 나 있죠?

LGBTQ+들은 종종 화가 나 있고 공격적이라는 비난을 받는다. 이 주제에 대한 내 교육 전략은 항상 입장을 바꿔 생각해보라는 것이지만, 그런 질문을 촉발한 상황이나 사건을 이해하면 구체적인 예시를 들기 쉽다.

만약 누군가가 LGBTQ+와 관련해 알게 된 어떤 경향성에 관해 일반적인 이야기를 별 뜻 없이 한다면, 나는 정체성 자긍심 단계에 대해 설명할 것이다. 앨라이로서 우리는 오랫동안 자기 자신을 감춰야 했던 LGBTQ+들이 진정한 자신으로 살 수 있게 되었을 때 어느 정도 분노를 가지게 되는 이유를 사람들이 이해하도록 도와야 한다. 알다시피 나는 개인적인 일화를 통해 사람들에게 개념들을 이해시키는 걸 아주 좋아한다. 이 경우 내가 즐겨 사용하는 이야기는 고등학교 시절 나의 고민과 고등학교 시절 내 LGBTQ+ 친구들의 고민을 비교하는 것이다. 당시 모두 '벽장'이었던 내 LGBTQ+ 친구들은 다음과 같은 질문들로 고뇌에 빠졌다. '내게 무슨 문제가 있는 건가?' '누가 알게 되면 어쩌지?' '나만 이런가?' 반면 나는 학교 축제날 코에 여드름이 날까 봐 걱정했다. 만약 내가 사회의 압박 때문에 나 자신을 숨기고 내 일부를 혐오하면서 수년을 지냈다면 나 역시 분노에 차 있을 것이다. 벽장에 갇혀 있는 건 영혼을 손상시킨다. 화가 나 있고 공격적인 모습은 '다시는 내게 벽장으로 돌아가라고 하지 말라'는 태도에서 나올지도 모른다.

만약 이 질문이 특정한 사건에서 촉발된다면 그 문제를 다루어야 한다. 그 사건들은 다음과 같은 것일 수 있다.

"우연히 동료에게 잘못된 대명사를 썼는데, 나한테 엄청 화냈어!"

"나는 항상 싱글인 내 동료가 좋은 여자를 만나도록 도와주려고 하거든. 오늘 내가 그에게 내 이웃을 소개하려고 했더니 그가 내게 '나 게이야! 됐냐?'라고 소리를 지르지 뭐야."

"어젯밤에 바에서 정말 멋진 여자를 만났어. 자기가 바이섹슈얼이라길래 나는 그게 엄청나게 섹시하다고 생각한다고 말했더니, 나보고 개자식이래."

이것들은 모두 미묘한 차별에 해당한다. '미묘한 차별microaggression'은 하버드대학교 교수 체스터 M. 피어스Chester M. Pierce가 처음 사용한 용어다.[1] 미묘한 차별은 일상적으로 흔하게 사용되어 인식조차 하기 어려운, 상처와 모욕을 주거나 비하하는 발언이나 행동으로, 의도적일 수도 그렇지 않을 수도 있다. 위에 소개한 사례들 중 어느 경우도 일부러 비하하거나 상처 주려는 의도는 아니었다. 실제로 두 번째 사례는 동료에게 데이트 상대를 소개해주려는 명백히 친절한 의도였다. 그래서 사람들은 상대의 화가 난 반응을 맞닥뜨렸을 때 이해하기 어려워한다. 앨라이로서 우리는 그들의 친절한 의도를 인정하되, 그들이 자신의 말이 갖는 효과를 이해할 수 있게 도와주어야 한다.

내 친구 모어는 일상에서 반복되는 미묘한 차별이 마치 반복해서 팔에 딱밤을 때리는 것 같은 느낌이라고 이야기해주었다.

1 Wikipedia, "Microaggression," https://en.wikipedia.org/wiki/Microaggression.

딱, 딱, 딱. 처음 몇 번은 이렇게 생각하고 넘긴다.

'뭐래. 일부러 그런 건 아닐 거야.'

딱, 딱, 딱. 이제 슬슬 짜증이 난다.

딱, 딱, 딱. 마침내 딱밤에 예민해진다.

딱, 딱, 딱. 결국 더는 못 참고 폭발한다.

한 트랜스 남성이 일터에서 계속 '그녀'라고 불려 괴로운 하루를 보냈다고 생각해보자. 집에 오는 길에 우유를 사러 식료품점에 들렀는데, 계산원이 "좋은 하루 보내세요, 사모님"이라고 말한다. 그 계산원이 마지막 딱밤을 날린 것일 수 있다. 이 트랜스 남성이 폭발하면 계산원은 '와! 내가 뭘 어쨌다고?'라고 생각하게 되고, 만약 이 트랜스 남성이 자리를 뜨지 않고 자신이 왜 불쾌한지 길게 설명한다면 계산원은 '트랜스젠더들은 지나치게 화가 나 있어!'라고 생각할 수 있다.

LGBTQ+들이 사람들에 의해 계속해서 주변화될 때, 그들에게는 화를 낼 권리가 있다. 앨라이들은 자주 여기에 개입해 사람들에게 그러한 말과 행동이 낳는 효과를 이해시키는 다소 감정적인 작업을 도맡을 수 있는 위치에 있다. '역지사지' 기술이 여기서 유용한 도구로 쓰일 수 있다. 이 분노를 이해하려 애쓰는 사람에게 동료가 자신의 이름과 대명사를 계속해서 잘못 부를 때 어떤 기분일지, 혹은 끊임없이 이성애자 남성인 자신을 다른 남자에게 데이트 상대로 소개해주려 하거나 이성애자 여성인 자신을 여자에게 데이트 상대로 소개해주려 한다고 생각해보게끔 하자.

'분노한' 혹은 '공격적인' LGBTQ+에 관해 마지막으로 알아둘 것은 교차성에 대한 대화로 거슬러 올라간다. 우리 사회에서 예민하고 화가 나 있거나 공격적이라고 비난받는 사람들은 여성과 유색인인 경우가 훨씬 많다. 따라서 그러한 논평에 대한 민감도가 그 집단에서는 굉장히 높으며, 그것은 정당하다. 시스젠더 이성애자 백인 남성은 분노와 공격성을 경험하고 표출하는 것이 허용되고, 심지어 여러 면에서 장려된다. 여성과 유색인에게는 그렇지 않다. 앨라이로서 우리는 이러한 이중 잣대와 스테레오타입을 인식하고 그것들을 타파하기 위해 노력해야 한다.

제 레즈비언 친구들은 서로를 다이크라고 부르는데, 왜 저는 그렇게 부르면 안 되죠?

주변화된 집단 내에서는 자신들을 비하하는 데 사용되어왔거나 사용되고 있는 단어를 되찾아 직접 쓰거나 그 단어로 농담을 주고받는 일들이 드물지 않다. 그것은 비하하는 용어를 쓰는 사람들을 무장해제시키고, 불리할 수도 있는 상황에서 통제권을 갖는 한 방법이다. 2장에서 살펴본 '퀴어'라는 말에서도 그러한 점을 확인했다. 그러나 이제 거의 일반 용어가 된 '퀴어'와는 달리, 당사자 집단이 아닌 이들이 사용한다면 상처를 줄 수 있는 말들이 있다.

레즈비언 커플인 내 친구 글로리아와 수전이 꽉 막힌 보스턴 도로 위에 있을 때, 그들은 옆의 차에 두 여성이 타고 있는 것을 보았다. 글로리아는 수전에게 "프로빈스타운으로 가는 한 쌍의 다이크들이 틀림없어"라고 말했다. 좀 더 자세히 쳐다보다가 둘은 옆 차에 타고 있는 이들이 친구들임을 알게 되었다. 그러자 글로리아는 소리질렀다. "야! 프로빈스타운으로 가는 한 쌍의 다이크 맞네!"

글로리아와 수전이 이 이야기를 내게 해줄 때 '다이크'라는 말을 사용했기 때문에 내가 그 단어로 그들을 지칭해도 된다고 생각할 수도 있겠으나, 결코 그렇지 않다. 또 그들이 내게 이 이야기를 해주었기 때문에 나 역시 그들과 '한편'으로서 그 용어를 사용해도 된다고 생각할 수도 있겠으나, 결코 그렇지 않다.

나는 '다이크'라는 말로 모욕을 받아본 적이 없다. 그것은 내가 되찾거나 중화해야 할 단어가 아니다. 그러한 용어를 사용할 수 없음에 상처받기보다는 내 LGBTQ+ 친구들이 내 앞에서 그런 말을 사용하는 것을 충분히 편안하고 안전하게 느끼며, 내가 결코 그 용어들을 오용하지 않을 것이라 믿고 있다는 사실에 감사해야 한다. 되찾은 비하적 용어를 사용한다고 해서 내가 그들과 '한편'임이 증명되는 건 아니다. 오히려 그들을 짜증 나게 할 뿐이다.

무엇은 괜찮고 무엇은 안 되는지 잘 모르겠다면 물어보면 된다. "저기, 어제 저녁에 네가 ○○○라는 말을 쓰는 걸 들었어. 무례하지 않았으면 해서 물어보는 건데, 그 용어 내가 써도 되는 말이야, 쓰면 안 되는 말이야?"

저는 사람들이 '그렇게 타고났다'고 생각했는데, 일생 동안 정체성의 변화를 겪을 수 있다고 말씀하시니 혼란스럽네요

우리는 자신의 젠더 정체성을 선택하거나 자기가 어떤 이에게 끌리는지를 통제할 수 없다. 그게 가능하다면 전환 치료('상담을 통한 동성애 퇴치'라든가) 같은 게 먹히겠으나, 그렇지 않다. 전환 치료는 종종 당사자에게 수치심이나 공포심을 불어넣어 일시적으로 행동을 바꾸게 하는 것이지, 그 사람의 지향을 바꿀 수는 없다.[1]

우리가 자신의 젠더 정체성이나 지향을 통제할 수 없다면, 25년 동안 이성애자로 정체화해오다가 그다음 10년 동안은 동성애자로, 지금은 바이섹슈얼로 정체화하는 사람은 어떻게 이해해야 할까? (이런 일은 종종 일어나곤 한다.) 아니면 3장에서 살펴봤듯, 처음에는 시스젠더 레즈비언으로 정체화했다가 그다음에는 이성애자 트랜스젠더 남성으로 정체화하는 사람은? (역시 종종 있는 일이다.)

우리는 자신의 젠더 정체성이나 지향을 통제할 수 없지만, 스스로를 이해하고 받아들이는 일은 여러 가지 다양한 방식으로 일어날 수 있고, 그것은 많은 사람들에게 기나긴 여정이다. 2장에서 언급한 내 친구 디처럼 어떤 이들은 자신의 정체성 단어를 찾으려 애쓰며, 처음에는 그다지 잘 맞지 않는 단어를 사용하게 될 수 있다. 한때 레

---

1 "The Lies and Dangers of Efforts to Change Sexual Orientation or Gender Identity," Human Rights Campaign, accessed October 21, 2019, https://www.hrc.org/resources/the-lies-and-dangers-of-reparative-therapy.

즈비언으로 정체화했던 트랜스 남성인 내 친구 케이든은 이렇게 말한다. "쇼핑몰에 가서 푸드코트에서 배를 채우고 나서 청바지를 입어보는 느낌과 비슷했어. 입을 순 있는데 맞는 듯하면서도 단추를 채우기가 힘든 거야. 내게 '레즈비언'은 그렇게 느껴졌어."

또 어떤 이들은 자신의 정체성 단어를 찾는 데 도움이 될 사람들이나 커뮤니티가 잘 노출되지 않는 지역에서 살고 있을 수 있다. 시간이 흘러 더 넓은 세상에 나가고 새로운 사람들을 만나며, 새로운 용어들을 접하게 되면 그들은 자신에게 더 잘 맞는 새로운 정체성 용어를 발견하는 '각성의 순간(들)'을 만나게 될 수 있다. 《FTM 매거진》의 편집장인 내 친구 제이슨은 자신의 정체성 단어인 '이성애자 트랜스 남성'을 찾은 것이 마치 자기 발이 여자친구의 부드럽고 포근한 어그부츠 속으로 들어가는 느낌과 같았다고 말해주었다.

어떤 이들은 자기 자신으로 살아가는 것에 대한 대가가 두려워 오랜 시간 동안 자신의 정체성을 억누르거나 부정하며 살고 있을 수 있다. 부모님이 자신의 정체성을 알게 된다면 벌어질 거라 예상되는 트라우마와 수치심을 맞닥뜨리지 않기 위해 부모님이 돌아가신 후에 커밍아웃을 하고 그제서야 진정한 자신으로 살아가는 사람들도 많다.

○　　　막간 퀴즈

당신이 노인 요양시설에서 일하고 있는데, 입주자 한 분이 트랜스젠더 여성이라고 커밍아웃을 한다. 이때 당신이 해야 하는 일을 모두 고르시오.

뉴욕주 북부의 노인 요양시설에 거주하는 한 80대 여성은 최근에 트랜스젠더로 커밍아웃했다. 외부의 시선으로 들여다보면 80세에 갑자기 '트랜스젠더가 된' 것이 너무 이상하게 보일 것이다. 그러나 실제로 그녀는 평생 트랜스젠더 여성으로서 자신의 정체성과 씨름해온 것이다. 텔레비전에서 래번 콕스와 케이틀린 제너를 보면서 마침내 스스로 이런 생각을 했을지 모른다. "난 도대체 뭘 기다리고 있는 거지?"

타인이 정체성을 변경하는 것에 혼란스러워하는 많은 사람들은 4장에서 살폈던 끌림과 행동을 혼동하는 경우가 많다. 이 경우, 이런 식의 질문을 할 수 있다. "3년 전에 내 조카가 바이섹슈얼이라고 커밍아웃을 했어요. 그런데 이제 어떤 남자랑 결혼을 한다지 뭐예요. 이제 이성애자가 된 건가요?" 질문자는 명백히 조카의 '끌림/지향'과 '행동/관계 선택'을 혼동하고 있다. '역지사지' 기술을 적용해 이분이 그 차이를 이해하도록 도와보자. 예를 들어 이성애자 여성이 남편과 이혼하고서 아무와도 연애를 하지 않고 있을 경우, 그녀가 더는 이성애자가 아니란 뜻일까? 답은 당연히 아니요다.

무슨 말을 해도 누군가에게 모욕적일 것만 같아 아무 말도 할 수 없을 지경이네요. 정치적으로 올바른 언어에 우리가 너무 집착하고 있는 것 아닌가요?

워크숍 참가자 한 명이 자신이 선호하는 대명사에 대해 함께 이야기해보자는 내 말에서 '선호하다'라는 단어를 제거해야 한다고 처음으로 말해준 때가 기억난다. 내가 그 새로운 정보를 즉각 받아들여 내 머릿속 지식에 추가하고 곧장 내 행동을 바꿨을 것 같은가? 전혀 아니다. 나는 한동안 그것에 대해 생각했지만 '아니야'라고 결론짓고 생각을 접었었다.

　교육자로서 나는 그 순간으로 자주 돌아가 생각해보곤 하는데, 나 자신이 자랑스러워서가 아니라(결코 그렇지 않다), 매우 흥미롭기 때문이다. 나는 언어에 신경 쓰고 존중에 기반한 단어 선택을 하자는 워크숍을 열고서는, 확 실수를 한 것이다! 그때 나 자신이야말로 잘 배우려 하지 않는 사람이었던 것이다.

알다시피 이제 나는 사람들에게 누군가의 대명사를 물을 때 '선호하다'라는 단어를 쓰지 말자고 독려한다. 어떻게 된 일일까? 어째서 내가 생각을 고쳐먹었을까? 그 과정은 어떠했을까? 처음에 나는 다른 사람 몇몇에게서도 이 말을 바꾸는 게 좋겠다는 조언을 듣기 시작했다. (그렇다. 가끔은 숫자가 중요할 때가 있다. 주변화된 집단의 사람들이 내 언어를 바꾸라고 조언해줄 때가 있는데, 나중에 알고 보면 그것이 개인적 선택일 뿐 그 집단의 대다수는 거기에 동의하지 않는 경우도 있다. 이럴 때 나는 다음번에 그 사람과 대화할 때는 그 말을 사용하지 않도록 노력하지만, 워크숍이나 일상생활에서도 그러지는 않는다.) 그래서 나는 그것이 '대세'가 되고 있는 사안인지 아닌지 조사를 해봤다. (이상하게 들릴 수도 있지만, 어떤 새로운 트렌드들은 다른 것들이 사라지는 몇 달 안에 확고히 자리를 잡기도 한다.) 마침내 나는 '역지사지' 기술을 적용했고, 실제로 우리가 시스젠더들에게는 그들이 '선호하는' 대명사가 뭔지 묻지 않는다는 걸 깨달았다. 그것은 명백히 논리적인 요청이었던 것이다. 그래서 나는 내 언어를 바꾸었다.

'나더러 이것도 바꾸라고?'라는 반응을 나 또한 충분히 겪을 수 있다는 걸 깨달은 덕분에 누군가가 정치적으로 올바른 언어에 대해 질문할 때면 그 질문의 근원을 이해할 수가 있다. 우리는 공통점을 갖고 있다. 나는 "알아요. 저도 그렇게 느꼈었거든요"라는 말로 우리에게는 공통점이 있음을 알려준다. 만일 당신에게는 그런 경험이 없어서 상대방과 공통점을 찾을 수 없다면, 그가 사람들과 더는 대화를 나눌 수 없다고 느낀다니 매우 안타깝다고 말하며 공감을 표하도록 하자.

사람들은 어디서나 대화를 하고 있을 것이고, 특히 이 주제는 앨라이들이 주도하기 좋은 주제다. 앨라이들은 언어적 실수와 좌절을 딛고 다시 말할 수 있는, 안전하고 쉽게 판단하려 들지 않는 공간을 조성하기에 사람들의 단어 선택에 직접 영향받은 커뮤니티 당사자보다 더 좋은 위치에 있다. 함께 안타까워하고, 가능하다면 공감하고, 그들이 불편한 마음을 터놓게 하고, 그다음에 조언하라. 다음은 사람들이 자신의 미숙했던 언어를 바꾸지 못하게 방해하는 세 가지 주요 장애물과 그것을 극복하도록 도와줄 팁이다.

- 요점을 제대로 이해하지 못하는 것: 2장에서 보았듯 LGBTQ+ 커뮤니티 구성원이든 아니든 이미 정체성 단어를 찾은 사람들은 새로운 정체성 단어를 찾아야 할 필요를 이해하기 더 어려워한다. 정확하고 존중을 담은 언어가 긍정적 영향을 미쳤던 개인적 사례가 있다면 그것을 활용해도 좋다. 그런 사례가 없다면, 디가 자신의 정체성 단어를 찾은 이야기나 케이든이 푸드코트 다녀온 뒤에 청바지를 입으려 한 이야기를 해보면 어떨까. 아니면 LGBTQ+ 같은 머리글자나 정체성들이 더욱 많이 필요한 이유에 관한 알렉스 마이어스의 글(2장 참조)을 공유할 수도 있을 것이다. 마지막으로, 가능하다면 '역지사지' 기술을 활용하자. 그 기술은 내가 '선호하는'

대명사라는 언어 사용을 바꾸는 데 작용한 논리를 확인할 수 있도록 도와주었다.

- 할 일을 지시받기를 싫어하는 것: 할 일을 지시받는 것을 좋아하는 사람은 아무도 없다. PC함, 즉 정치적 올바름을 이유로 무언가를 바꿔야 한다고 압박받을 때—특히 그래야 할 이유가 납득되지 않을 때—사람들은 불만, 분노, 저항감을 느끼기 쉽다. 도움이 될 만한 한 가지는 PC함이 그들의 머릿속에서 의미하는 바를 바꿔보도록 요청하는 것이다. PC를 'politically correct(정치적 올바름)' 대신 'pleace consider(한번 생각해봐주세요)'를 뜻하는 머리글자로 바꿔 생각하게 하는 것이다. 언어를 바꿀지 말지는 그들이 선택할 것이다. 그들이 정치적 올바름을 단속하는 경찰에 딱지라도 끊길 것 같다는 걱정은 그만하고 언어를 바꾸라고 요청하는 이유를 생각하는 데 에너지를 쓰게끔 하자. 그들도 이해가 된다면 바꿀 것이다. 이해가 되지 않으면 바꾸지 않을 것이다. 그렇지만 그들이 잘 알고 결정을 내리도록 도와주고, 시간을 갖고 선택하거나 선택을 변경할 수 있도록 여유를 주자. 어린아이일 때 무심코 사용했지만 이제는 모욕적이라고 생각하는 단어에 대해 생각해보게끔 하자. 이를 통해 그들 자신이 이미 단어를 선택하면서 살고 있으며, 평생 의도적으로 언어를 사용하며 살아간다는 사실을 알게 될 것이다.
- 압도된다고 느끼는 것: LGBTQ+ 포용성을 주제로 워크숍을

진행하는 나조차도 때때로 LGBTQ+ 커뮤니티에서 일어나는 그 모든 어휘 변화와 최신 동향들에 압도되는 듯 느끼곤 한다. LGBTQ+ 커뮤니티와 그다지 유대감이 없는 사람들은 더 압도된다고 느낄 수 있다. 온갖 새로운 용어들을 익히고 우리가 평생 써온 단어를 새것으로 대체하도록 매번 기억해내는 것은 대단히 버거운 일처럼 느껴질 수 있다. 내가 이들에게 제안하고 싶은 방법은 내가 라켓볼을 배우던 경험에서 나온 것이다. 라켓볼을 전혀 해본 적 없던 내가 라켓볼을 매우 잘 치는 친구와 매주 경기를 하게 되었다. 매주 나는 참패를 당했다. 경기 중 신경 써야 하는 수많은 요소에 나는 완전히 압도되었고, 그중 아무것도 제대로 하지 못했다. 그렇게 6주가 흐른 뒤 나는 진절머리가 났다. 나는 경기를 할 때마다 한 가지 기술에 집중하려고 마음먹었다. 그 밖의 것은 망쳐도 신경 쓰지 않았고, 한 가지를 잘하는 것만 생각했다. 그 전략은 먹혔다. 내 기술이 향상되었고 좌절감은 빠르게 사라졌다. 그 모든 어휘 변경 요구에 압도된다면 한 가지에 집중해보도록 독려하자. 각자에게 중요한 한 가지 단어나 납득이 되는 한 가지 어휘 변경을 골라 완전히 익숙해질 때까지 연습하게 하자. 그런 다음엔 다른 어휘로 넘어갈 수 있을 것이다.

단어 선택을 바꾸는 것은 어려울 수 있지만, 사람들은 그 개념이 납득될 경우, 그리고 어떤 강요도 받지 않고 압도되는 느낌을 받지 않을 경우, 기꺼이 그것을 자신의 과제로 삼기 마련이다. 독려를 통해 앨라이들은 사람들이 자신의 언어를 의도한 대로 사용함으로써 타인의 진정성 있고 자긍심 넘치는 삶을 지지한다는 만족감을 갖게 도와줄 수 있다.

10장 임시방편과 근본적인 해결책: 더욱 포용적인 공간을 만들기 위한 두 가지 길

갈림길을 만나면, 갈라지는 쪽을 택하라!

—요기 베라

내 친구 시모나가 우리 집에 저녁을 먹으러 오기로 했다고 치자. 우리 집 문에 다다르기 직전 시모나는 울퉁불퉁한 우리 집 앞 현관에서 발을 헛디딘다. 그녀는 넘어지고, 바지가 찢어지고, 무릎에 크게 상처가 난다. 아악!

당연히 나는 마음이 안 좋다. 나는 사과를 하고 그녀의 상처를 소독할 약을 가져오고, 무릎에 붕대를 감아준다. 이 행동은 바로 문제에 대한 '임시방편' 해결책이다. 진심을 담은 사과와 소독약, 그리고 붕대를 제공했기 때문이다. 이보다 더 안 좋은 반응으로는 다음과 같이 매우 무례한 행동을 전시하는 것이 있을 수 있다. "세상에, 시모나. 무릎이 엉망이 됐잖아. 피는 러그 말고 저기 부엌 타일 바닥에다 흘려줄래?"

그래도 문제는 여전히 남는다. 우리 집 현관은 계속 울퉁불퉁하다. 현관 바닥을 손봐 근본적으로 문제를 해결하지 않는다면 다음 주 다른 친구 마누엘이 우리 집에 올 때 그 역시 발을 헛디디게 될 것이다. 설상가상으로 몇 달 뒤 시모나가 또 한 번 우리 집을 방문할 때 같은 곳에서 또 발을 헛디딜 수도 있다. 얼마나 당황스러운 일인가. 나는 시모나에게 사과를 하고 응급처치를 해주며 임시적 조치를 취했지만, 문제를 근본적으로 해결하지는 않았다. 임시적 조치와 근본적 해결 두 가지를 모두 수행해야 우리 집에 오는 손님들에게 더 안전하고 환대하는 공간을 제공할 수 있다. 학교, 기관, 직장, 종교 공동체에서도 LGBTQ+들에게 안전하고 환대하는 공간을 만들기 위해 이와 같은 노력을 해야 한다.

보라는 이름의 논바이너리 한 명이 정신건강의학과에 치료를 받으러 왔다고 상상해보자. 보에게 주어진 문진표에는 남 또는 여로 나뉜 성별 항목이 있고, 병원 직원 대부분은 논바이너리라는 정체성에 대해 잘 모르며, 병원에는 남자 화장실과 여자 화장실만 있다. 병원의 시스템이나 그 공간에 들어맞지 않는 사람이 손님으로 온 것이다. 당장 취해져야 할 조치는 진심 어린 양해의 말과 민감한 대화를 할 때 비밀을 유지하는 것, 그리고 일단 화장실 한 군데에 '모든 젠더용 화장실' 표지를 달아두는 등의 임시방편이다. 이 병원은 아직 포용적인 공간이 아니지만, 보에게 환대받는다는 느낌을 주기 위한 노력들이 행해지기는 했다.

보가 떠나고 난 뒤에는 더 많은 일들이 행해져야 한다. 직원들은 근본적인 해결책을 생각해야 한다. 이 경우 장기적으로 건물 수리(모든 젠더를 위한 화장실을 만드는 것을 포함해)와 LGBTQ+ 정체성에 관한 직원 필수 교육, 그리고 고객정보 카테고리와 운영 방침 및 문진표 업데이트 등이 필요하다.

다음은 앨라이들이 더 안전하고 더 포용적이며 더 환대하는 공간을 만드는 데 도움이 될 몇 가지 핵심 분야다. 분야마다 임시방편과 근본적인 해결책을 모두 제시하니, 앨라이들은 가급적 두 가지 길을 모두 따르고, 다른 이들도 그러도록 독려해보자.[1]

교육의 기회

이 책의 많은 부분은 필요하다면 언제든 교육의 기회를 활용하는 것을 중요시한다. 모욕적인 말을 들을 때 목소리를 내는 것, 사람들이 함께 존중에 기반한 대화를 할 수 있는 안전하면서도 비판단적인 공간을 마련하는 것은 앨라이들이 할 수 있는 역할의 아주 큰 부

[1] 이 섹션에 제시된 정보의 일부는 다음에서 가져왔다. The Joint Commission, *Advancing Effective Communication, Cultural Competence, and Patient- and Family-Centered Care for the Lesbian, Gay, Bisexual, and Transgender (LGBT) Community: A Field Guide* (Oak Brook, IL: Joint Commission, 2011), https://www.jointcommission.org/assets/1/18/LGBTFieldGuide.pdf.

분이다. 앞선 장들에서 나는 앨라이들이 효과적으로 이 작업을 하는 데 필요한 도구들을 제시한 바 있다. 이 섹션에서는 그러한 존중에 기반한 대화를 적재적소에 사용해 장단기 해결책을 마련하는 방법을 살펴보려 한다.

교육적 측면에서의 임시방편은 바람직하지 않은 발언이나 행동에 대해 즉각적으로 반응하는 것이다. 그러한 교육의 기회는 직장, 이웃, 학교, 자녀들과의 관계, 동료 간 관계 등 어디서나 발생할 수 있다. 교육적 측면에서의 근본적인 해결책은 우리의 직장, 이웃, 가정, 학교를 더 안전하고 포용적인 곳으로 만드는 등 환경을 변화시키는 것이다.

학교에서의 교육적 기회에 대해 살펴보자. 미국의 12년제 초중등 교육기관 대부분에서 유일하게 취해지는 조치는 임시방편뿐이다. 대개의 학교는 LGBTQ+ 학생들에 대한 괴롭힘이 수면 위로 드러난 적 없거나 혹은 이미 그러한 괴롭힘 문제를 다루고 있을 경우 이미 자신들이 포용적인 환경을 마련했다고 믿어버린다. 그것은 잘못된 믿음이다. 부정적인 행동을 대수롭지 않다고 간과하는 것이다. 근본적인 문제는 여전히 해결되지 않고 있다. 마이클 새도우스키는 『안전만으론 충분치 않다: LGBTQ 학생들을 위한 더 나은 학교』에서 질문한다. "학교에서 LGBTQ 학생들이 가질 자격이 있는 것이 안전뿐인가?"[2] 아니기를 바란다.

---

2 Michael Sadowski, *Safe Is Not Enough: Better Schools for LGBTQ Students* (Cambridge, MA: Harvard Education Press, 2016), 11.

내 친구 맷은 뉴욕주 북부 교외에서 자랐고 그곳의 공립학교를 다녔다. 유치원 때부터 고등학교 1학년 때까지 '게이'라는 말이 학생, 교사, 교직원, 행정직원을 비롯해 누구의 입에서도 긍정적인 맥락에서 발설되는 것을 들어본 적이 없었다. 시스젠더 동성애자 남성으로서 자신의 정체성을 찾아나가는 동안 그는 자신을 욕하거나 괴롭히는 이를 만나지 못했다. LGBTQ+와 관련해서는 그저 광막한 침묵만이 있었다. 고등학교 1학년 때에야 체육 시간에 교사가 '게이'라는 말을 하는 걸 들을 수 있었다. 에이즈와 HIV에 대한 이야기를 한 것이었다. 맷이 자신의 정체성에 대해 교사가 말하는 것을 처음으로 듣게 되었는데 그게 질병 및 죽음과 관계된 이야기였던 것이다. 그 때문에 맷은 동성애자가 되기를 원치 않게 되었다. 그는 앞으로 한 발 나아가 진정한 자신으로 사는 대신 수년간 정체성 용인 단계에 머물러 있었다. 그럼에도 그 학교 직원들과 교사들은 LGBTQ+ 학생에 대한 괴롭힘이 거의 없는 자신의 학교가 매우 포용적이라고 생각했을 것이다.

맷은 초등학교 교사 중 한 명만이라도 수학 시간에 다음과 같은 문제를 냈더라면 속이 시원했을 거라고 말했다. '피터가 12명의 친구들을 생일 파티에 초대했다. 피터의 두 어머니는 여덟 조각으로 나뉜 피자 세 판을 내오셨다…' 교과 과정에서 이렇게 동성애자 부부가 규범화되는 것을 봤다면 그는 자기수용 단계로 건강하게 나아갈 수 있었을 것이다.

대개의 미국 아이들과 마찬가지로 내 아이들 역시 유치원 이후로는 몸에 불이 붙으면 하던 일을 멈추고, 바닥에 누워 굴러야 한다는 걸 알고 있다. 아이들은 초중등 교육 12년 내내 이 화재 발생 시 안전 매뉴얼을 배우고 또 배운다. 너무나 감사한 일이다. 그런데 미국에서 집 안 화재로 아이가 죽을 확률은 9만 분의 1이다. 그러면 아이가 자라나면서 자신이 LGBTQ+임을 알게 될 확률은 어떨까? 대략 20분의 1이다. 그런데도 학교는 이 주제에 대해 침묵을 고수하고 있다. LGBTQ+ 교사가 역할모델로 존재하지 않거나, 교과 과정에 역사적 LGBTQ+ 인물이 포함되어 있지 않거나, 교과서나 문학작품에 긍정적인 LGBTQ+ 캐릭터가 없다면 아이들은 오롯이 자기 스스로 자신의 정체성을 이해하고 받아들여야 한다. 지원을 받지 못한 부모들은 자녀가 커밍아웃을 하면 어떻게 반응해야 하는지, 어떻게 지지를 표해야 하는지 알지 못한다. LGBTQ+에 대해 침묵하는 학교는 매우 커다랗고 분명한 메시지를 발설하고 있다.

교육의 기회 측면의 임시방편

- 동료가 비하적 표현을 쓴다면 지적한다.
- 직장이나 학교에서 사건이나 문제가 발생하면 다양성 교육을 실시한다.
- "게이가 무슨 뜻이에요?"라는 자녀의 질문에 대답한다.
- 타인을 괴롭히는 아이를 교장실로 보내 괴롭힘에 대해 적절히 대처한다.

교육의 기회 측면의 근본적 해결책

- 다양성 및 포용성을 위한 직장이나 학교의 노력에 의무적 LGBTQ+ 워크숍 상시 진행을 포함한다.
- 신입 직원 교육에 LGBTQ+에 관한 인식 교육을 포함한다.
- 체육 시간뿐 아니라 수학, 영어, 역사, 과학 등 일상적 교과 과정에 LGBTQ+ 인물에 대한 내용을 포함한다.
- 아이가 어릴 때부터 온갖 종류의 사람들과 가족들이 나오고, 모든 종류의 젠더 역할과 젠더 표현이 등장하는 책을 읽어준다.

○ 유용한 힌트

LGBTQ+ 주제를 다루는 어린이 책 몇 가지를 소개한다.

마이클 홀*Michael Hall*의 『빨강: 크레용의 이야기*Red: A Crayon's Story*』[1]는 외모와 내면이 일치하지 않더라도 진정한 자신으로 살아가는 삶의 중요성을 다루는 매력적인 책이다. 아름다운 그림이 곁들여진 이 책은 '빨강'이라고 꼬리표를 달았지만 파란색만 표현할 수 있는 크레용의 이야기를 따라간다.

린다 드 한*Linda De Haan*의 『왕과 왕*King and King*』에서, 젊은 왕자 버티의 어머니는 아들을 참한 공주와 결혼시키려 한다. 어떤 공주도 버티의 눈에 들어오지 않는데, 그는 리 왕자를 보자마자 첫눈에 반한다. 이야기는 왕자와 왕자가 갈등 없이 행복하게 결혼을 하는 것으로 끝난다.

수잰 랭*Suzanne Lang*의 『가족들*Families, Families, Families!*』은 단순한 그림책 안에서 만화로 표현된 동물들이 온갖 종류의 가족을 그려 보인다. 엄마가 두 명인 아이는 이 책에서 자신의 가족이 재현되는 걸 볼 수 있을

---

1 [옮긴이] 국내에도 같은 제목으로 번역 출간되어 있다(김하늬 옮김, 봄봄출판사, 2017).

> 것이다. 한부모 혹은 조부모가 양육하는 아이 역시 마찬가지일 것이다. 이 책은 아이들에게 가족의 구성 요건을 이해하도록 도와줄 것이다. 놀랍게도 그것은 사랑이다!

LGBTQ+ 이미지 가시화

9장에서 LGBTQ+들은 기관이나 상점 앞에 적힌 '우리는 차별하지 않습니다'라는 일반적 문구 이상을 기대한다고 언급한 바 있다. 앨라이로서 우리는 LGBTQ+들이 안전하고 환대받는다고 느끼도록 공간을 퀴어하게 단장할 수 있다는 뜻이다. 여러분의 가게나 기관, 학교, 의원, 사무실, 종교 기관, 집으로 들어오는 LGBTQ+가 자기 자신이 환대받는다고 여길지 생각해보자.

몇 년 전 내가 필라델피아에서 진행한 워크숍에서 한 시스젠더 게이 남성이 굉장한 이야기를 해주었다. 미국에서 LGBTQ+에 대한 인식이 별로 없는 지역의 대학생이었던 그는 자신이 혼자이고 지지받지 못한다고 느끼며, 자신이 게이임을 겨우 용인하고 있었고, 자살을 생각하고 있었다. 대학 2학년 때, 그가 수업을 듣는 건물에서 LGBTQ+들에게 안전한 공간임을 뜻하는 무지개 스티커를 문에 붙여둔 교수 연구실이 두 곳 있었다. 그는 저녁까지 기다렸다가 아무도 없을 때 그 스티커가 붙은 연구실 앞 복도에 가서 '힘을 얻으려고' 그 앞을 왔다 갔다 했다고 말해주었다. 교내에 동성애는 아무 문제가 없다고 생각하는 교수가 두 명 있다는 사실은 그에게 커다란 희망을 주었다. 그는 그 스티커들이 자신을 살렸다고 말했다. 그는 실제로 그 연구실 문을 열고 들어가지는 않았기에, 두 교수는 자신이 한 사람의 생명을 구했다는 걸 지금까지 알지 못할 테지만 말이다.

우리가 LGBTQ+ 커뮤니티를 위해 가시적인 지지를 문 앞에 내보이면, 그 문을 열고 들어와서 자신의 정체성에 대해 이야기하거나 지지해줘서 고맙다고 말하는 LGBTQ+들에 대해 잘 알게 된다. 하지만 LGBTQ+에 대한 가시적 지지는 그 문을 열고 들어오지 못하는 이들에게 더 큰 영향을 미칠 수 있다. 눈에 띄게 LGBTQ+를 지지하는 것은 누군가의 목숨을 구할 수도 있는 일이다.

LGBTQ+ 이미지 가시화 측면의 임시방편

- 대기실에 LGBTQ+ 관련 잡지나 신문을 비치해둔다.
- '모든 형태의 가족을 환영합니다'라는 문구와 무지개를 함께 담은 팻말을 붙여둔다.
- 직장이나 집, 예배당 바깥에 무지개 깃발을 달아둔다.
- 가방에 앨라이 배지나 무지개 버튼을 달아둔다.

LGBTQ+ 이미지 가시화 측면의 근본적 해결책

- 대기실에 구비할 LGBTQ+ 관련 잡지나 신문을 구독한다.
- 해당 공간의 벽면이나 웹사이트에 LGBTQ+ 인물 이미지나 지지 문구를 상시 게재한다.

- 홍보 자료(포스터 및 팸플릿)에 다양한 가족 형태 이미지를 포함시킨다.
- 매년 6월 자긍심 전시를 꾸려 자긍심의 달*pride month*을 기념한다.

양식과 문서들

세상과 담을 쌓고 사는 게 아니라면 우리는 자주 문서를 작성한다. 온라인 양식을 제출하는 것도 포함된다. 학교에서, 보험사에서, 의료시설에서, 고용 기관에서 문서와 양식들을 허다하게 만난다. 비행기표를 끊을 때도, 운동 시설에 등록할 때도, 온라인 쇼핑을 할 때도 양식을 작성해야 한다. 양식은 어디에나 있다.

우리의 정체성과 관계 상태는 양식들에 적혀 사회에 완전히 알려져 있다. 나는 병원에 걸어 들어가서 내 성별과 젠더를 '여'라고 체크한다. (그 두 가지 정체성은 종종 혼동되며 양식에서 하나로 뭉뚱그려지는데, 내 성별과 젠더는 일치하므로 내게는 큰 문제가 되지 않는다.) 그리고 나는 '관계 상태' 문항에서는 '기혼' 칸에 체크한다. 만약 산부인과나 유방암 센터라면 내원자가 출생 시 여성으로 지정받았고, 여성으로 정체화하며, 성적 파트너는 한 명이고, 그것은 남자라는 가정하에 문항들이 제시된다. LGBTQ+ 센터에서 일하기 전에 나는 그런 양식을 작성하면서 두 번 생각한 적이 없고, 질문이 매우 협소하고 제한적이라는 사실조차 알아차리지 못했다.

만약 내가 간성이라면 병원 방문은 어떤 식으로 이루어질까? 만약 바이섹슈얼이라면? 폴리아모리라면? 트랜스젠더라면? 이러한 정체성을 가진 환자라면 양식을 보고 자신의 정체성이 반영될 수 없다는 사실에 당황할 것이다. 그들은 그곳 직원이 자신의 정체성에 대해 잘 모르고 존중하지 않을지 모른다는 사실에 두려움을 느낄 수 있다. 어쩌면 의사를 만나지도 않고 가버릴 수도 있다. 아니면 양식을 아무렇게나 대충 작성하고 빈칸을 남기거나 기타 응답을 적고선 직원과 얼마나 어색한 대화를 하게 될지 마음의 준비를 하게 될수도 있다. 트랜스젠더 여성인 내 친구 디는 병원을 찾았다가 꽤나 공개된 장소에서 다음과 같은 어색한 대화를 맞닥뜨렸다.

> 병원 직원: 마지막 월경이 언제였나요?
>
> 디: 어…
>
> 병원 직원: 최근 6주 이내인가요?
>
> 디: 그게…
>
> 병원 직원: 기억 안 나세요?
>
> 디: 네.
>
> 병원 직원: 생리불순이세요?
>
> 디: 네.

　의료기관에 들어가자마자 방문자에게 요구되는 것은 양식 작성
이다. 여러분의 기관이 모두를 환대하고 포용한다는 것을 보여주기
에 얼마나 좋은 기회인가. 의료기관은 모든 사람과 모든 종류의 관
계 형태를 인정하는 양식을 마련함으로써, 스트레스를 야기하지 않
고 환자들을 환대할 수 있다. 더 포용적인 양식을 마련함으로써 디
가 맞닥뜨린 것 같은 상황을 미연에 방지할 수 있다. 직원이 디가 작
성한 양식을 보고 그녀가 트랜스젠더 여성임을 알게 된다면 공개적
으로 다른 환자들이 듣는 데서 디의 마지막 월경이 언제였는지 묻
는 일은 없었을 것이다.

　나는 포용적이지 않은 양식이 앨라이로서 개입하기에 굉장히 좋
은 기회라고 본다. 어째서 이 교육의 기회를 이미 극도로 지쳐 있고

취약한 이들에게 넘기겠는가? 시스젠더 이성애자 앨라이로서 내가 더 포용적인 양식을 요구한다고 해서 그다지 부정적인 결과를 얻을 위험이 거의 없다. 따라서 그러기에 내가 적임자다.

비포용적인 양식을 받았을 때 나는 주로 양식의 여백에다가 이렇게 적곤 한다. 'LGBTQ+를 아우르도록 이 질문을 다른 식으로 바꾸는 걸 고려해주세요. 예시가 필요하면 제게 연락하셔도 좋습니다.' (나는 진짜로 이렇게 적는다.) 대체로 내 '유용한' 코멘트는 무시당하지만 나는 씨앗을 심어둔 것이라고 생각한다. 열 명 넘는 방문객들이 양식에다 비슷한 코멘트를 남긴다면 직원도 무언가 조치를 취할 것이다.

이따금은 내게 도움을 요청하는 좋은 일이 생기기도 한다. 다음은 그런 좋은 일이 일어난 경우다. 몇 년 전, 내가 다니는 산부인과 의원의 환자 양식에는 다음과 같은 항목이 있었다.

결혼 상태(동그라미 치세요):　　미혼　　기혼　　별거　　이혼　　사별

나는 으레 하듯 도움을 줄 수 있다는 코멘트를 제시했고 아무 연락도 받지 못했다. 그런데 연간 추적 검사를 받으러 다음해에 방문했을 때는 양식이 바뀌어 있었다.

결혼 상태(동그라미 치세요):　　미혼　　기혼　　별거　　이혼　　사별
　　　　　　　　　　　　　　　여성 파트너

'덧붙이기' 임시방편이었다. 모든 여성이 이성애자라는 가정보다는 낫지만, 아직 미흡하다. 이유는 다음과 같다.

- '남성 파트너'가 규범 혹은 기본 사항이라고 전제한다. 즉, 만약 여성과 결혼했다면 '기혼'과 '여성 파트너'를 둘 다 체크할 것이다. 만약 남성과 결혼했다면 '기혼'에만 체크한다. '남성 파트너'는 이미 가정된 것이다. 이것은 굉장히 타자화하는 일이다. '남성 파트너'라는 선택지가 없기 때문에, '여성 파트너'를 선택하는 순간 나머지와는 다른 부류가 된다.
- 관계 상태와 친밀한 행위는 서로 다를 수 있는데, 뭉뚱그린다. 예를 들어 남자와 결혼했지만 여성 성적 파트너가 있다면 어디에 체크해야 할까? '기혼'과 '여성 파트너'에 체크할 경우 여성과 결혼했다고 가정될 것이다.
- 의료 기관이 환자에 대해 실제로 알아야 하는 정보를 겉핥기식으로만 다룬다. 만약 내가 '여성 파트너'에 체크할 경우 이런 가정이 뒤따른다. '이 환자는 레즈비언으로, 한 명의 파트너가 있고 그 파트너는 여성이다.' 실제로 그들은 내 지향(바이섹슈얼일 수도 있다), 내 젠더(트랜스 남성일 수도 있다), 내 관계 상태(여성 파트너가 있다고 해서 그 사람과 꼭 연애 관계에 있는 것은 아니다)에 대해서 아무것도 알지 못한다.

이번에는 의사와 따로 얘기할 수 있는 진료실에 들어갈 때까지 기다렸다. 나는 양식을 더욱 포용적으로 바꾼 병원의 노력을 보니 기쁘다고 말했다. 그러고는 양식을 훨씬 더 좋게 만들 방법을 알고 있고 도움을 주고 싶다고도 말했다.

몇 주 뒤 의사에게서 양식에 대해 도움을 청하는 이메일을 받았다. 야호! 나는 모두에게 적절하도록 양식을 완전히 수정하는 제안 사항을 담아 답장을 보냈다. 다음은 관계 상태(원래는 '결혼 상태'였다)에 관한 문항에 대해 내가 제안한 내용들이다.

당신의 현재 관계 상태는 어떠합니까? _____

당신의 성적 지향은 무엇입니까? _____

만약 답변이 반드시 표준화될 필요가 있다면, 다음과 같은 다중 선택 가능한 대답을 만들도록 제안했다.

관계 상태(해당되는 것에 모두 동그라미 치세요):

독신   기혼   별거   이혼   사별   파트너 있음

폴리아모리   모노가미   그 밖의 관계

성적 지향(해당되는 것에 모두 동그라미 치세요):

레즈비언   게이   바이섹슈얼   이성애자   팬섹슈얼

에이섹슈얼   퀴어   그 외

만약 환자가 '그 밖의 관계'나 '그 외'에 표시했고, 병원 전산 데이터베이스상에 제한된 선택지만 입력 가능하다면, 조용한 곳에서 환자에게 그 사실을 설명하고 환자와 함께 그중 가장 적합한 선택지를 골라야 한다. 이것이 이상적인 방법은 아니지만, 전혀 들어맞지 않는 선택지와 양식으로 환자에게 스트레스를 주는 것보다는 훨씬 더 환자를 존중하는 길이다.

나는 의사에게 이렇게 수정된 양식이 진료실에서 환자의 성적 행동에 관해 언급하는 데 도움이 될 기본적 정보를 줄 것이라고 말했다. 관계 상태나 지향을 바탕으로 실제 성적 행동을 추론해서는 안 된다.

더욱 포용적인 양식을 제시하고 싶지만 스스로 적임자가 아니라고 생각되면 LGBTQIA+국민건강교육센터의 온라인 가이드 「양식과 방침에 대하여: LGBT 환자들을 위한 환경 조성」을 참조하도록 권유하자.[1] 여덟 쪽에 달하는 이 문서는 건강에 초점을 두고 있기는 하지만, 일반적으로 양식을 수정하는 데 사용될 수 있는 내용들이 많다.

양식과 문서 측면의 임시방편

- 기존의 양식에 '여성 파트너' 같은 새로운 선택지를 추가한다.
- 모든 환자가 기존의 양식을 조용한 곳에서 직원과 일대일로

---

1 National LGBT Health Education Center, *Focus on Forms and Policy: Creating an Inclusive Environment for LGBT Patients*, https://www.lgbthealtheducation.org/wp-content/uploads/2017/08/Forms-and-Policy-Brief.pdf.

함께 앉아 작성하게 한다.

- 양식이 제한적인 데 대한 사과 문구를 덧붙인다. 현재 양식을 업데이트하고 있으며 현재 양식에 무엇이든 적고 설명을 부가해주어도 좋다고 알린다.
- '그 밖의 젠더'나 '그 밖의 지향'이라는 선택지를 추가한다. 이 선택지들은 대체로 '기타'보다 낫게 들린다.

양식과 문서 측면의 근본적 해결책

- 실제로 알아야 할 정보가 무엇인지 숙고해본다. 그런 다음 기존의 질문이 그 대답으로 인도하는지 살펴본다. 환자의 생물학적 성별을 알아야 하는가, 아니면 그의 젠더를 알아야 하는가? 환자의 성적 지향을 아는 것이 중요한가, 아니면 적절한 치료를 제공하기 위해 성적 행동을 알아야 하는가? 환자가 남성인지 여성인지 알아야 하는가, 아니면 뭐라고 칭해야 할지를 알면 되는가? 양식은 해당 기관의 실제 필요에 맞게 변형되어야 하며, 주기적으로 수정 및 업데이트를 해야 한다.
- 환자들에게 설문조사를 해서 자신의 정체성과 관계 상태를 나타낼 수 있는 더 포용적인 양식을 만들기 위해 어떻게 하면 좋을지 물어보고, 그 제안 내용을 양식 업데이트에 활용한다.
- 양식 맨 위에 '이름' 칸을 먼저 두고, 그다음 혹은 아래 줄에 '법적 성명(다를 경우)' 칸을 둔다. 그러면 환자의 올바른 현재

이름이 항상 사용될 수 있다. 대부분의 양식들이 '성명' 혹은 '법적 성명'이 윗줄에 있고, '별명'이나 '선호하는 이름'이 다음 줄에 있다. 그럴 경우 잘못된 이름이 먼저 불리기 쉬워 환자를 당황하게 할 수 있고, 잠재적으로 안전하지 못한 환경을 만들 가능성도 있다.

- 다중선택 답변 기록이 전산상 제한되어 있을 경우 해당 프로그램 제작 업체에 연락해 더욱 포용적인 범주를 만들 것을 촉구한다. 유나이티드 항공은 최근 젠더 선택지에 논바이너리 항목을 추가했고 페이스북은 젠더 항목과 대명사를 스스로 설정할 수 있게 했다.

방침

나는 포용적 공간 만들기 워크숍을 열었던 기관에 들어갈 때 트랜스인 공동 진행자의 젠더가 오인되고, 그가 '실명'으로 명부를 작성해야 하며, 예전 이름이 새겨진 명찰을 모두 앞에서 착용해야 하는 상황을 맞닥뜨리면 항상 아이러니함(그리고 기분 나쁨)을 느낀다. 좋은 일을 하는 소수의 사람들이 있지만 학교와 의료 기관, 회사 등에서 대개 큰 그림은 건드려지지 않으며 목표로도 설정되지 않는다는 사실을 자주 발견한다.

포용적으로 업데이트된 방침을 만드는 것은 사람들의 권리와 사생활을 보호하고 환대하는 공간을 만들기 위한 토대를 마련하는 데 매우 중요하다. 그것이 첫 번째 단계다. 두 번째 단계는 직원, 학생, 부모, 고객, 구성원 등이 그러한 방침을 숙지하게 하는 것이다. 내가 진행하는 트레이닝 과정 참가자들은 종종 자신의 직장이나 학교의 방침이 무엇인지 알지 못한다. 방침을 업데이트했다면, 사람들에게 알려야 한다. 매년 업데이트된 방침을 적은 이메일을 보내고, 사람들이 많이 다니는 곳에 모두가 볼 수 있도록 반차별 정책을 적어 걸어두고, 흑인 역사의 달이나 LGBT 자긍심의 달, 장애 인식의 달 기념 홍보물에 그것을 함께 적어 넣도록 하자.

방침과 관련한 임시방편

- 접수 담당 직원에게 LGBTQ+ 정체성과 존중에 기반한 대화를 훈련시켜 접수 절차에 어려움을 겪는 방문객을 도울 수 있게 한다. 젠더를 표현하지 않는 인사말, 진심 어린 사과, 목소리 낮추기, 남들이 듣지 못하게 대화할 공간을 마련하기 등은 기존 방침에 불편을 느낀 이들에게 크게 도움이 될 것이다.

- 명찰과 이메일 계정에 법적 이름을 사용해야만 한다면, 'OOO라고 불러주세요'라고 적힌 리본을 명찰 아래에 달게 하거나 이메일 서명란에 덧붙이게 한다. 앨라이들도 여기에 동참할 수 있다. 그러면 그 행동이 평범해져서 트랜스젠더 직원들이 두드러져 보이지 않을 수 있다. (아래에 이에 관한 유용한 힌트가 있다.)

- 지역 지부로서의 입장을 표명한다. 우리 지역인 뉴욕주 북부에서는 지역 보이스카우트 몇 개 대대가 동성애자 남성을 지도자로 불허하는 미국보이스카우트연맹의 결정에 반기를 들었다. 그들은 웹사이트와 홍보 책자에 LGBTQ+ 지도자와 부모들, 대원들을 가시적으로 지지하는 문구를 내걸었다.
- 사무실, 학교, 예배당에 들어서는 사람들에게 대명사 스티커를 고를 수 있게 한다. 여러분부터 스티커를 붙이고 있도록 하자. 이것은 앨라이들이 더 환대적이고 안전한 공간을 만드는 데 도움이 되는 방법이다. 게다가 여러분이 해당 대명사를 붙이고 있는 이유에 대해 사람들과 멋진 대화를 나눌 수 있다.

○ 유용한 힌트

만약 사람들이 거의 항상 여러분을 지칭할 때 올바른 대명사를 사용한다면, 대명사를 셔츠에 붙이고 있을 때 아마도 이런 질문에 대답해야 하는 자신을 발견할 것이다. "왜 당신의 대명사를 알려주는 거죠? 너무 당연한 것 아닌가요?" 얼마나 좋은 교육의 기회인가! 내 이메일 서명과 명찰에 내 대명사를 표시하는 이유는 다음과 같다. 다른 이들에게 설명해야 할 일이 있을 때 이 이유들을 써먹어도 좋다.

- 내 대명사를 표시하는 것은 이 행동 자체를 평범하게 만드는 데 도움이 되며, 그럼으로써 다른 사람들도 이 행동을 하기 쉬워진다.
- 사람들이 일상적으로 자신의 대명사를 표시하는 문화를 만드는 것은 누군가를 어떻게 지칭해야 할지 확실하지 않은 상황에서 당황스러운 순간을 피할 수 있게 도와준다. 특정한 이들만 두드러지게 하지 않아도 되는 것이다.

- 트랜스젠더에 대한 폭력은 끔찍한 현실이다. 대명사를 표시하는 이가 트랜스젠더뿐일 경우 그들이 위험한 상황에 빠질 수 있다.

내가 내 대명사를 표시하는 것은 내가 트랜스를 포용하는 안전한 공간의 필요성을 이해한다는 뜻이다.

방침과 관련한 근본적 해결책

- 동등한 고용 기회 원칙, 행동 강령, 괴롭힘 반대 정책, 성과급 기준, 반차별 정책 등에 '성적 지향', '젠더 정체성', '젠더 표현' 범주가 포함되도록 한다. 첫 번째 것은 종종 포함되어 있는 걸 볼 수 있고, 가끔은 두 번째도 보이지만, 세 번째는 매우 드물다. 이 세 가지 범주가 어떻게 우리를 보호하는지 살펴보자.

성적 지향: 누구에게 끌리는지를 이유로 차별받아서는 안 된다. 이로써 게이, 레즈비언, 바이섹슈얼, 팬섹슈얼, 에이섹슈얼 등등의 사람들이 보호받는다.

젠더 정체성: 자신의 젠더를 정체화하는 방식을 이유로 차별받아서는 안 된다. 이로써 트랜스젠더와 논바이너리들이 보호받는다.

젠더 표현: 자신의 젠더를 표현하는 방식을 이유로 차별받아서는 안 된다. 이로써 사람들은 더 여자답거나 더 남자다운 옷차림을 해야 한다는 말을 듣지 않아도 된다.

이 범주는 모두를 보호한다.

- 복장 규정과 유니폼에서 젠더를 걷어낸다. 예컨대 남성과 여성이 갖춰야 하는 복장을 각각 규정하는 대신 '직원들은 찢어지거나 구겨지지 않은 바지 혹은 치마, 드레스를 입어도 되지만 반바지는 안 된다'라거나 '학생들은 배꼽을 드러내는 셔츠를 입어선 안 된다'라고 공표한다. 학교나 체육 시설 등에서 유소년들을 상대할 때 특히 수영복은 자신의 몸에 강렬하게 부정적인 감정을 갖고 있는 트랜스나 젠더 익스팬시브인 이들에게 트라우마를 안겨줄 수 있음을 인지하는 것이 매우 중요하다. 잠수용 셔츠를 포함해 그들 각자가 스스로 편안하게 느낄 수 있는 수영복을 착용할 수 있도록 하자.
- 가능하다면 모두에게 자신의 대명사와 어떻게 불리고 싶은지를 공유해달라고 요청한다. 입장 시 작성 양식과 접수 절차에 이 요청을 덧붙인다. 사람들이 공간에 들어서면서 언제나 대명사 스티커를 집을 수 있게 구비한다. 모두가 참여하지는 않을 수 있지만, 참여하는 이들에게 그것은 매우 커다란 환대다.
- 트랜스젠더나 트랜지션 중인 직원 혹은 학생을 포함하는 방침을 마련한다. 이상적으로라면 기업, 대학, 초중고 학교에는 그러한 지침과 방침을 활용하기에 앞서 이미 마련되어

있어야 하지만, 불행히도 처음으로 커밍아웃한 트랜스젠더 개인이나 처음으로 커밍아웃한 트랜지션 중인 이가 실험 대상이 되어 다른 이들을 위한 길을 닦는 경우가 많다. 방침은 바이너리든 논바이너리든 트랜지션 중이든 아니든 상관없이 모든 트랜스젠더를 지지하도록 구성되어야 한다. 한 가지 중요한 분야는 이름 변경에 관한 방침이다. 누군가가 법적으로 이름을 변경할 경우, 명찰이나 이메일 계정, 사원증, 명부, 참석 명단, 기밀문서, 커뮤니케이션 등 여러 가지 면에서 어떻게 다룰 것인가? 이름을 바꿨지만 법적으로 변경하지는 않은 이에게도 같은 방침이 적용되는가? 앞서 언급했듯, 휴먼라이츠캠페인HRC은 트랜지션 중인 직원을 대하는 훌륭한 지침과 트랜스 포용적인 학교를 만드는 데 좋은 자료를 제공하고 있다. (http://www.welcomingschools.org를 방문하라.)

여러분이 기업에서 일하고 있지 않더라도 휴먼라이츠캠페인의 「기업의 평등을 위한 색인」에서 LGBTQ+ 포용적인 방침과 실천은 구체적으로 어떠한지 자세한 설명을 한번 살펴보기를 권한다.[1]

---

1 Human Rights Campaign, *Corporate Equality Index 2019*, last updated April 4, 2019, https://assets2.hrc.org/files/assets/resources/CEI-2019-FullReport.pdf?_ga=2.72494480.2003376306.1571331256-1109047636.1571331256.

화장실 및 기타 설비들

모든 젠더를 위한 1인용 화장실이 가급적 많이 생겨야 한다. 성별로 나눠진 화장실과 로커룸 사용은 출생 시 지정 성별이나 출생증명서에 적힌 성별이나 짐작된 생물학적 성이 아니라 개인의 젠더 정체성을 기준으로 해야 한다. 어느 곳을 사용해야 할지 다른 사람이 알려줄 수 없는 문제다.

모든 이가 안전한 공간에 접근할 권한이 있음을 시스젠더들이 이해할 수 있게 돕는 것과 제대로 된 정보를 통해 그들의 두려움을 잠재우는 것은 앨라이들이 할 수 있는 멋진 일이다. 내가 6장에서 제시한 시설 및 설비 사용 관련 데이터를 활용해도 좋고, 여러분이 따로 조사를 해도 좋다. 데이터를 살펴보면 공공시설에서 위험을 감수하는 이들은 시스젠더가 아니라 트랜스젠더라는 사실을 확인할 수 있을 것이다.

ㅇ　　　재밌으면서도 재밌지만은 않은 사실들

- 여러분의 집에 있는 화장실은 아마도 모든 젠더를 위한 화장실일 것이다.
- 2016년 3월 노스캐롤라이나주의 주택법안 2호가 통과되었다. 해당 법안은 출생증명서에 적힌 성별에 해당하는 화장실만을 사용해야 한다고 명시한다. 이 결정에 대해 엄청난 반발이 있었다. 음악가들은 공연을 취소했고, 미국대학체육협회_NCAA_는 노스캐롤라이나에서 챔피언십 경기를 주최하지 못하게 했으며, 대기업들은 노스캐롤라이나에 설비를 지으려던 계획들을 철회했다. 그 결정으로

노스캐롤라이나주는 향후 10여 년간 3조 7600억 달러가 넘는 손실을 입을 것으로 추산되었다.[1] 2017년 3월, 법안은 트랜스젠더에 대한 화장실 제한 조항을 삭제하는 것으로 수정되었다.[2]

> "록 콘서트보다 더 중요한 것들이 있는데, 바로 지금 일어나고 있는 이 편협한 편견에 맞서 싸우는 것도 그중 하나입니다."
>
> —브루스 스프링스틴, 노스캐롤라이나의 그린스버러에서 예정되었던 콘서트를 취소하며

- 잭슨 버드Jackson Bird는 테드 강연 〈트랜스젠더에게 말 걸고 경청하는 법〉에서 "미국 국회의원들이 트랜스젠더들보다 더 많이 공중화장실에서 타인을 공격했다는 혐의를 받았습니다"라고 알려주었다.[3]
- 미국인 중에는 트랜스젠더를 봤다고 주장하는 사람보다 유령을 봤다고 주장하는 사람이 더 많다.[4] 이것이 화장실과 무슨 상관이냐고? 아무 관련 없다. 나는 이것이 그저 우스꽝스러운 사실이라고 생각한다. 그럼에도 이것은 우리 모두가 트랜스젠더와 마주친 적이 있으며, 그렇다고 해서 꼭 우리가 그들을 알아봐야 하는 건

---

1 CNBC, "'Bathroom Bill' to Cost North Carolina $3.76 Billion," March, 27, 2017, https://www.cnbc.com/2017/03/27/bathroom-bill-to-cost-north-carolina-376-billion.html.

2 Jason Hanna, Madison Park, and Elliott C. McLaughlin, "North Carolina Repeals 'Bathroom Bill,'" CNN Politics, March 30, 2017, https://www.cnn.com/2017/03/30/politics/north-carolina-hb2-agreement/index.html.

3 Jackson Bird, "How to Talk (and Listen) to Transgender People," TED, June 2017, https://www.ted.com/talks/jackson_bird_how_to_talk_and_listen_to_transgender_people?language=en#t-15186.

4 Noah Michelson, "More Americans Claim to Have Seen a Ghost Than Have Met a Trans Person," *HuffPost*, December, 21, 2015, https://www.huffpost.com/entry/more-americans-claim-to-have-seen-a-ghost-than-have-met-a-trans-person_n_5677fee5e4b014efe0d5ed62.

아니라는 사실을 말해준다. 여러분이 트랜스젠더 옆 칸에서 소변을 본 적이 있을 확률은 매우 높다. 만약 화장실 입구에 경호원을 배치해 신분증이나 출생증명서, 혹은 생식기를 확인해야 할 것 같다고 느끼는 사람을 만난다면, 브레이 카네스*Brae Carnes*가 시작한 #우리그냥용변보게해주세요*WeJustNeedToPee* 캠페인을 소개해주도록.[5] 그 캠페인은 출생 시 지정받은 성별에 따라 화장실을 쓰도록 강제될 경우 얼마나 삶이 불편해지는지 보여주기 위해 트랜스젠더들이 화장실에서 연달아 셀프 사진을 찍어 올리는 캠페인이다.

○　막간 퀴즈

모든 젠더를 위한 화장실을 사용해야 하는 사람은 누구인가?

 A. 트랜스젠더

 B. 트랜스젠더, 퀘스처닝, 트랜지션 중인 이

 C. 누구나

정답: C

많은 사람들이 모든 젠더를 위한 화장실을 트랜스젠더 화장실이라고 생각한다. 트랜스젠더 중 일부는 그 화장실을 사용할 것이고 일부는 사용하지 않을 수 있다. 모든 젠더를 위한 화장실은 '누구나' 사용할 수 있다. 즉, 만약 트랜지션 중인 내 동료와 같은 화장실을 사용하는 게 불편하다면 '내가' 모든 젠더를 위한 1인용 화장실을 사용하면 되는 것이다. 모든 젠더를 위한 화장실은 공중화장실을 사용하는 동안 어린 자녀와 떨어져 있기 힘든 양육자, 그리고 장애인을 보조하는 이에게도 매우 유용할 수 있다.

---

5 Mitch Kellaway, "Trans Folks Respond to 'Bathroom Bills' with #WeJustNeedToPee Selfies," *Advocate*, March 14, 2015, https://www.advocate.com/politics/transgender/2015/03/14/trans-folks-respond-bathroom-bills-wejustneedtopee-selfies.

화장실과 기타 설비 측면의 임시방편

- 학교나 직장에 1인용 화장실이 구비되어 있다면, 기존 화장실의 성별 표시 위에 '모든 젠더 화장실' 표시를 덧씌운다.

- 모든 젠더를 위한 화장실을 표시한 지도를 만들어 공개한다. 직장이나 학교 내 모든 젠더를 위한 화장실이 많지 않고 서로 멀다면 이 지도가 도움이 될 것이다. 웹사이트의 다양성 혹은 자긍심 페이지에도 게재하도록 하자.

- 성별 기준 화장실을 사용하는 데 불편을 느끼는 학생이나 직원이 특수 시설을 사용할 수 있도록 한다. 예를 들어 더 나은 설비가 구축될 때까지 학생에게 보건실의 개인 화장실을 사용하게 한다든지 하는 조치를 취할 수 있다.

화장실과 기타 설비 측면의 근본적 해결책

- 재건축을 하거나 새 건물을 설계할 때 모든 젠더를 위한 1인용 화장실을 적어도 각 층에 하나씩 만든다.

- 로커룸 공간을 서로 옷 갈아입거나 샤워하는 모습을 볼 수 없도록 설계한다. 이를 통해 많은 학생들이 편안해질 것이다. 중학생들 중 몇 명이나 자기 벗은 몸을 다른 학생들에게 보여주고 싶어 하겠는가? (수사적 질문이다. 답을 몰라서 물은 게 아니다.)

- 가능하다면 모든 젠더를 위한 1인용 화장실만을 구비하도록 한다. 요즘 많은 식당에서 모든 젠더를 위한 1인용 화장실만을

제공하고 있다. 남자 화장실 양변기 칸은 텅텅 비어 있는데 여자 화장실의 줄은 길게 늘어선 걸 본 적이 있지 않은가? 거의 언제나 "말도 안 되는 상황이지" 하고 말하며 남자 화장실을 사용해버리는 (나 같은) 사람은 있기 마련이다. 왜 화장실 양변기에 젠더를 부여해야 한단 말인가?

○　**화장실 토크**

'남자들은 아무데나 오줌을 흘린다'는 이유 하나로 모든 젠더를 위한 화장실에 반대하는 시스젠더 여성들과 충분히 많은 이야기를 나눠봤고, 그로써 솔직한 대화가 가능했다. 우선 일반적으로 주유소 남자 화장실에 갔다가 나올 때 내 남편 에드가 머리를 절레절레 흔들며 "끔찍해"라고 말하는데, 여자 화장실에 갔다 나오는 나 역시 똑같이 그런다는 이야기를 하고 싶다. 한편, 논의를 위해서 모든 젠더 화장실이 여자 화장실보다 덜 깨끗하다고 치자. 이 경우 우리는 시스젠더 여성의 불편과 트랜스젠더의 안전의 중요성을 저울질하고 있는 것이다. 나는 아무 때고 엉망인 화장실을 택하겠다. 차라리 앨라이로서 우리는 모두가 용변을 본 후 평온하고 안전하게, 끈적거리지 않는 신발로 나갈 수 있도록 깨끗한 화장실을 만들기 캠페인을 해보면 어떨까.

참고로 긍정적인 것 한 가지를 더 말하자면, 많은 식당들이 모든 젠더를 위한 깨끗한 1인용 화장실을 여럿 구비하고 있는 것을 보았는데, 그것들이 커다란 성별 화장실보다 훨씬 낫다고 여겨졌다. 부끄러움이 많을 경우에도 누가 소리를 듣진 않을지 걱정하지 않고 편안하게 용변을 볼 수 있다. 1인용 화장실에는 개수대도 따로 있어서 치아에 낀 음식물을 확인할 때도 타인에게 우스꽝스럽게 보일까 봐 걱정할 필요가 없다.

기호에 관하여

　나는 모든 젠더를 위한 화장실을 나타내는 가장 적당한 기호에 대한 질문을 굉장히 많이 받는다. (방금 힌트를 주었다.) '모든 젠더 화장실'이란 문구면 된다. '젠더중립 화장실'도 괜찮다. 다음은 몇 가지 피해야 할 기호들과 그 이유다.

여자와 남자 이미지

세상에 두 개의 젠더만 있다고 함의한다. 매우 이분법적인 사고다. 논바이너리인 사람들이 그곳에서 마음이 편안하겠는가? 치마를 입지 않은 여성들은 또 어떨까? 목이 있는 사람들은? (너무 나갔나?)

가족 화장실

이 기호는 아이를 데리고 있는 사람들만 화장실을 사용해야 한다는 뜻으로 읽힌다. 아이도 없이 가족 화장실에서 나오는 사람은 불결하게 보일 위험을 감수해야 한다. 어쩌면 공격을 당할 수도 있다.

반반인 사람

한쪽에는 바지를, 다른 쪽에는 치마를 입은 사람 이미지는 제발 사용하지 말자. 내가 이런 사람을 본 건 내 친구 빌리가 반은 남자 반은 여자로 분장하고 왔던 1984년 핼로윈 때뿐이다. 빌리는 절반만 수염을 붙이는 등 모든 걸 했다. 매우 독창적이었다. 그러나 트랜스젠더가 '절반은 남자 절반은 여자'라는 인상을 사람들에게 심어주는 건 옳지도 않고, 재미있지도 않다.

외계인

장난치지 마시라. 이건 이미 많은 사람들에게 혼란을 준다. 인간으로 한정하자.

손 좀 씻읍시다

이 기호는 웃자고 만든 것이라고 생각하며, 나는 이걸 처음 봤을 때 사진을 찍어 친구들에게 보냈다. 최근의 화장실 논쟁에 대한 유머러스하고 비판적인 반응으로, 나 역시 그 메시지에 동의하는 바이다. 그러나 '모든 젠더 화장실' 표지가 더 전문적이고 시의성을 타지 않으며, 아마 최선일 것이다.

모든 젠더 화장실

『젠더 가이드』의 저자이자 젠더에 관한 온갖 자료의 보고인 '이츠 프로나운스드 메트로섹슈얼'(https://www.itspronouncedmetrosexual.com)의 운영자 샘 킬러먼은 매우 단순한 모든 젠더를 위한 화장실 기호를 만들었다. 웹사이트(https://www.guidetogender.com/toilet/)에서 무료로 프린트할 수 있다.

(11장) 거리에 나가 적용하기

> 결국 우리는 적들의 말이 아니라 친구들의 침묵을
> 기억할 것이다.
>
> —마틴 루터 킹 주니어

이 책에서 이야기한 것들 대부분은 언어적 측면에서 존중하는 방법, 효과적으로 타인을 교육하는 방법, 직장과 학교, 종교 단체, 사회적 모임에서 변화를 지지하는 방법을 다루고 있다. 이번 장에서는 소규모 모임을 벗어나 정치적 변화를 만들고, 조직에 재정적 후원을 하고 LGBTQ+ 커뮤니티를 기념하는 등 지역사회적인 노력에 집중해보려 한다.

자긍심

나는 본래 떠들썩한 축제나 행진을 좋아하는 사람은 아니지만, 자긍심 행진에서는 에너지가 솟아오른다. LGBTQ+의 46퍼센트가 직장에서 정체성을 숨기는 세상에서[1] 일 년에 단 며칠 동안 자신을 드러내고, 자랑스럽게 큰 소리로 외치고, 머리부터 발끝까지 무지개로 치장하고 지지하는 사람들에게 둘러싸여 보내는 행사는 그들에게 굉장한 해방감을 줄 것이다. 그리고 나는 그 과정을 함께하는 일원이 되고 싶다. 만약 여러분이 자긍심 행진이 열리는 도시 근처에 산다면 자원 활동을 고려해볼 수도 있겠다. LGBTQ+ 친구들을 위한 안전하고 특별한 행사 개최를 돕는 것은 앨라이로서 우리가 그들에게 줄 수 있는 사려 깊은 선물이다. 무지개 깃발을 들고 자신의 자긍심을 뽐내며 축제를 즐기기만 해도 여러분 또한 환대받을 것이다. 나는 앨라이에게 친화적이거나 앨라이를 환대하지 않는 자긍심 축제나 행진은 겪어본 적이 없다.

정치인에게 이야기하기

"잠깐만요, 제가 정치인에게 말을 해야 한다고요?" 아니, 꼭 그럴 필

---

1 Human Rights Campaign, *A Workplace Divided: Understanding the Climate for LGBTQ Workers Nationwide*, https://www.hrc.org/resources/a-workplace-divided-understanding-the-climate-for-lgbtq-workers-nationwide.

요는 없다. 하지만 지역 정치인에게 편리하게 연락할 수 있는 정보를 담은 온라인 웹사이트 '파이브콜스5calls'에 따르면 여러분의 생각과 걱정거리에 대해 이야기하는 가장 효과적인 방법은 전화를 거는 것이다. 웹사이트(http://www.5calls.org/)를 방문해 "파이브콜스를 통해 지역 정치인에게 전화 거는 법"이라는 2분짜리 유튜브 영상을 비롯해 정치인에게 전화 걸기에 관한 유용한 조언을 살펴보라. 미국 앨라이 단체 PFLAG 웹사이트의 "지지를 위한 한 페이지" 역시 지지를 알리고 정치적 압력을 넣는 데 좋은 정보를 담고 있다.[2]

여전히 겁난다고? 여러분의 난감함이 내게도 전해진다. 사실 나도 이런 걸 잘하는 사람은 아니다. 그래서 내가 즐겨 찾는 해결사이자 애크로님 프로젝트의 창립자인 노아 웨고너Noah Wagoner에게 조언을 구했다. "사람들은 보통 식당에 가는 데 문제가 없는데, 그 이유는 예상되는 각본을 알고 있기 때문이다. 네 명을 위한 자리, 따라가기, 음료 선택, 애피타이저 선택, 식사 선택, 먹기, 리필 요청, 계산서 요청, 값 치르기, 팁, 나가기. 이전에 연습해볼 기회가 없었다는 (식당 각본보다는 훨씬 적었다는) 점만 빼면 정치도 마찬가지다."

노아는 전화를 걸기 전에 하려는 말을 적어볼 것을 권한다. 예컨대, "안녕하세요? 저는 지니 게인스버그라고 하고요, [지역명] 주민입니다. 제가 전화드린 이유는 LGBTQ+들이 국가 차원의 법적 보호를 받을 자격이 있다고 생각하기 때문입니다. 저는 [정치인 이름]

2 5calls.org, "How to Call Your Representative with 5calls.org," https://www.youtube.com/watch?v=N62ViRRn61I. PFLAG, "Advocacy One-Pagers," https://pflag.org/resource/advocacy-one-pagers.

님이 2019년의 평등법안을 지지하시기를 강력하게 권합니다. 시간 내 들어주셔서 감사합니다."

전화를 걸 때는 한두 문장으로 전화 건 목적을 보좌관이나 자동 응답기에 평이하게 설명하게 된다. 누구와도 논쟁하려 들어선 안 된다. 피자를 주문하는 것만큼이나 간단하지만, 다른 점은 여러분이 잘해내면 따뜻한 빵 대신 따뜻한 자긍심의 빛을 느끼게 된다는 점이다. 만약 이 작업이 너무나 무서운 일로 느껴졌다면 피자 한 판으로 자신에게 보상을 주는 건 어떨까. 스스로를 돌보자!

집회, 행진, 시위, 청원 운동

평화로운 집회, 행진, 시위, 청원 운동 등에서 비슷한 신념을 가지고 적극적으로 활동하는 이들과 함께하는 것은 매우 강력한 경험이다. 나는 우리 지역에서 끔찍한 사건이 있은 뒤 열린 유색인 트랜스젠더 지지 집회에 참여한 적이 있다. 복잡한 길모퉁이에 모여 팻말을 들고 신호등이 바뀔 때마다 다른 모퉁이로 이동했다. 단순해서 좋았고, 메시지는 강력했다.

전국적 행진 같은 떠들썩한 대규모 행사에도 참여한 적이 있는데, 그때는 또 완전히 다른 기분이었고, 엄청난 에너지를 느꼈다. 집회나 행진에 참여해본 적이 없다면 한번 참여해서 어떤지 느껴보되, 그전에 미리 준비를 해두자. 누가 행사를 주최하는지, 참가자들은 무엇을 해야 하는지 찾아본다. 국제앰네스티는 시위나 행진에서 무엇을 할지, 무엇을 가져가고 무엇을 입을지, 시위자로서의 권리가 무엇인지 등 유용한 관련 문서를 구비하고 있다.[1]

청원이나 입법 촉구를 하는 날은 지역 의회 의사당을 방문해 지역 정치인들에게 LGBTQ+ 관련 문제에 주목하도록 요청하는 목적으로 단체 행동을 하기도 한다. 그런 날들은 LGBTQ+ 커뮤니티 구성원들과 앨라이들이 정치인에게 의견을 전하고 정책이 그들과 그 가족들에게 미치는 영향에 대해 알려줄 기회가 된다. '트랜스젠더 권리'라든가 '안전한 학교'처럼 간혹 그날그날의 중점 이슈가 있을 때도 있다. 주최 측에서는 효과적으로 청원 운동을 하는 법에 관한 워크숍을 여러 번 열 것이고 현장을 오가는 교통편을 마련할 것이다. 이것은 다른 LGBTQ+ 활동가들을 만나고, LGBTQ+의 삶과 관계된 정치적 현안을 계속해서 업데이트하고, '정치인과 말하기' 기술을 연습할 좋은 기회다.

기금 모금하기

나는 기금 모금하는 걸 좋아하는 사람을 본 적이 없다. 대부분의 사람들은 가족이나 친구, 지인들에게 돈을 내라고 요청하기를 매우 꺼

---

[1] Amnesty International, "Safety during Protest", https://www.amnestyusa.org/pdfs/SafeyDuringProtest_F.pdf.

리며, 차라리 치과 신경치료를 받기를 선택할지도 모른다. 만약 당신도 같은 부류라면, 그냥 다음 장으로 넘어가지 말고, 비참하고 소심한 모금원에서 우리 센터의 가장 성공적인 모금 행사의 기획자로 탈바꿈한 내 이야기를 한번 들어보시라.

여러 해 전 내 친구 두 명(둘 다 시스젠더 이성애자 앨라이들이다)은 자전거를 타고 맥주를 마실 구실이 필요했다. 그들은 내가 일하는 비영리 LGBTQ+ 단체를 위한 후원금을 모금하는 자전거 대회 후원 행사를 제안했다. 그 첫해에 내가 한 일은 자전거 페달을 굴리며, 마지못해 친구들과 가족에게 나를 응원해달라고 부탁한 것뿐이었다. 이 행사는 2010년 9월에 열렸다. 이때 자전거 주자는 18명이었다. 우리는 100킬로미터를 달렸고 4,000달러를 모금했다. 그다음 우리가 마신 맥주의 양은… 까먹었다.

다음 해에 두 친구는 또다시 자전거 대회 모금 행사를 조직하기를 원치 않았고, 그래서 내가 직접 해보기로 결심했고, 나는 그 후 8년간 자전거 모금 행사를 기획하게 되었다. 이 작은 자전거 대회 모금 행사가 내 열정과 자긍심이자 즐거움이 된 것이다. 행사는 해마다 계속되어 어느 해에는 75명의 주자와 함께 6만 3000달러를 모금하기에 이르렀다.

그 모금 행사 담당자 일을 그만둘 때까지 나는 계속해서 최고 금액을 모금했고, 대체로 우리 단체 전체 후원금의 8~10퍼센트 정도를 자전거 대회로 벌어들였다. 어쩔 수 없이 나는 '부탁하기'를 싫어하는 이들을 위해 기금 모금과 관련한 강의를 하기 시작했다. 그동안 내가 배운 것들을 정리하면 다음과 같다.

- 모금된 돈이 무엇에 쓰일 것이며 당신이 왜 여기에 개입하고 있는지 진정성 있게 이야기할 때 사람들의 마음이 움직인다.
- 모금을 폭넓게 진행함으로써 나는 존재하는지도 몰랐던 수많은 앨라이들과 연결될 수 있었다.
- 많은 이들이 변화를 만드는 데 참여하게 되어 진심으로 감사하게 생각했으며, 중요한 명분을 지지할 기회를 마련해준 데 대해 나에게도 감사를 전했다. 부탁하기, 내어주기, 인류애, 취약함, 은총, 사랑은 모두 서로 연결되어 있다. 나는 이 사실을 싱어송라이터이자 작가인 어맨다 팔머*Amanda Palmer*에게 배웠다. 아직 확신이 부족하다면 어맨다 팔머의 테드 강연 「부탁의 기술」을 보도록. 아니면 "누구 탐폰 있는 사람? 나 막 시작했어"라는 문장으로 시작하는 동명의 그녀의 책을 보면 더 좋을 것이다.[1]
- 술책을 쓰면 모금 행사를 좀 더 재밌게 만들 수 있다. 독창적인 방법 중 하나는 내 몸에 유성펜으로 내 모금 페이지에 후원금을 기부해준 모든 이의 이름을 써서 그들이 내가 지나갈 때 그걸 볼 수 있게 하는 것이었다. 50달러 이상 후원한 사람은 신체 부위를 고를 수가 있다. 하하!

---

1 Amanda Palmer, "The Art of Asking," speech given at TED2013 in February 2013, https://www.ted.com/talks/amanda_palmer_the_art_of_asking?language=en; *The Art of Asking: Or How I Learned to Stop Worrying and Let People Help* (New York: Grand Central, 2014).

모금 행사는 앨라이들을 서로 연결하고 LGBTQ+ 단체와 동아리들을 후원하는 좋은 길이다. 모금 행사를 부끄러워할 필요는 없다. 즐기면 된다. 여러분에게 가장 많은 금액을 기부한 후원자에게 집에서 만든 쿠키를 선물하자. 또 모금 목표 금액을 달성했다면 머리카락을 파란색으로 염색할 수도 있다. 여러분은 후원에 대한 보답으로 무엇을 하고 싶은가?

4부

책임감 있는 앨라이 되기

(12장) 앨라이 백래시

앨라이가 하는 일은 세상에 당신이 얼마나 좋은
사람인지 보여주는 게 아니라, 세상이 얼마나
뒤처져 있는지 보여주는 것이다.

—제이 도드 *Jay Dodd*

당신이 이미 앨라이로 활동하고 있다면 아마 앨라이를 향한 백래시
라는 것이 있음을 이미 알고 있을 것이다. 만약 새내기라면, 실망하
진 마시라. 주변화된 집단의 사람들이 앨라이로 정체화하는 이들에
대해 환멸을 느낄 만한 이유들이 있다. 좋지 않은 앨라이 활동은 좋
지 않은 기류를 자아낸다. 이 장에서는 앨라이를 향한 백래시가 가
장 자주 일어나는 분야에 대해 살펴본다. 운이 좋으면, 여러분은 모
두 백래시를 피해 훨씬 더 강해진 채로 올바른 활동에 임할 것이다.

앨라이는 정체성이 아니라 꼬리표다

5장에서 우리는 사람들에게 꼬리표를 달아선 안 된다고 이야기했다. 사람들이 자신을 정체화할 때 사용하는 단어를 잘 듣고 그 단어로 그들을 지칭해야 한다고 배웠다. 그렇지만 '앨라이'라는 단어는 예외다. 앨라이에 대해서는 정체성이라기보다는, 제대로 하고 있을 경우 타인에 의해 지칭되는 말이라고 생각하는 편이 좋다.

얼마 전 한 친구와 점심을 먹으며 수다를 떨고 있었다. 그는 직장을 더 포용적인 공간으로 만들려는 자신의 노력을 어떤 이가 "나 앨라이인 거 너도 알잖아"라고 말하면서 훼방을 놓아 화가 나 있었다. 내 친구는 그 사람이 자신의 앨라이 정체성을 무슨 권한이라도 되는 듯 오히려 상당히 트랜스혐오적인 방침을 내세우며 방해하는 것 같다고 말했다. 내 친구는 누구도 앨라이로 정체화해서는 안 된다고 생각한다. 앨라이라면 그저 변화를 위해 행동해야 할 뿐이다. 누군가 다른 이를 앨라이라고 부른다면, 커다란 칭찬인 것이다.

『위험한 흑인 소녀』에 실린 글 「더 이상의 앨라이는 그만」에서 미아 매켄지는 이렇게 썼다. "나는 '앨라이'라는 용어를 더는 누군가를 설명하는 데 사용하지 않을 것이다. 그 대신 '현재 연대 활동을 하고 있다' 같은 표현을 쓰겠다. 어색한 표현이라는 건 인정한다. 그러나 적어도 '앨라이'라는 꼬리표보다는 의미가 있는 말이다. 즉, 행동이 중요하지 꼬리표가 중요한 건 아니다."[1]

---

[1] Mia McKenzie, *Black Girl Dangerous: On Race, Queerness, Class and Gender* (Oakland, CA: BGD Press, 2014).

실제적인 차원에서 "현재 연대 활동을 하고 있다"라는 표현으로 '앨라이'를 대체하기는 쉽지 않다. '앨라이'라는 단어를 사용하지 않고 이 책을 쓰기도 매우 어렵다. '현재 LGBTQ+ 커뮤니티와 연대 활동을 하고 있다'고 쓴다면 딱 떨어지는 느낌이 들지 않는다. 그래서 현실적으로 나는 나 자신을 설명할 때 '앨라이'를 정체성 용어로 사용한다. 여러분도 그렇게 해도 된다. 그러나 그 용어에 대한 반발을 이해하는 것은 매우 중요하다. 만약 '나는 앨라이니까 그렇게 말하거나 행동해도 괜찮아'라는 생각을 하는 자신을 발견한다면 스스로 잘못하고 있다고 알아차리자.

'앨라이'라는 단어를 우리의 정체성이라기보다는 우리에게 주어진 선물이나 칭찬으로 생각하면 앨라이는 행동에 관한 것이라는 사실을 기억하는 데 더욱 도움이 된다. 앨라이는 우리가 예컨대 "짠! 경축! 나는 앨라이입니다!"라는 식의 배지를 만들어 달 수 있는 고정된 정체성이 아니다. 앨라이가 된다는 것은 계속해서 무언가를 행하고 배우는 일이다.

「유동적이고 불완전한 앨라이의 위치: 퀴어 이론의 몇 가지 선물」라는 글에서 비키 레이널즈*Vikki Reynolds*는 이렇게 썼다. "나는 언제나 앨라이가 되는 중이다. 나는 끝없이 내가 가진 특권적 위치를 자각하고자 한다."[2]

여러분이 LGBTQ+의 권리를 위해 하는 활동이 누군가를 기쁘게

---

2 Vikki Reynolds, "Fluid and Imperfect Ally Positioning: Some Gifts of Queer Theory," *Context*, October 15, 2010, https://www.suu.edu/allies/pdf/reynolds.pdf.

하고 그들이 여러분을 앨라이라고 부른다면, 스스로를 격려하고 작은 샴페인이나 음료를 따서 축하하도록!

닥치고 들을 것

나는 많은 사회정의 관련 행사나 워크숍, 집회에서 앨라이들은 '닥치고 들을 것'을 권장하는 것을 본다. 이런 요청을 들을 경우, 다음 네 가지를 명심하면 좋겠다.

1. 스스로에게 상냥하게 대하자. 머릿속에서 '닥치고'라는 표현은 지우고 '들을 것'에만 집중한다.
2. 의도는 선한 것이라고 가정하자. 이런 분노, 좌절, 예민함이 어디서 기인하는지 생각해본다. 한 집단의 사람들이 앨라이들에게 '닥치고 들을' 필요가 있다고 느낀다면 그들은 앨라이라고 내세우는 사람들이 자신들의 목소리를 이용해 커뮤니티 사람들에 대해 멋대로 이야기하는 상황에 반복적으로 놓여왔다는 뜻이다. 우리가 변화를 만들기 위해 사회정의 사업에 참여하고 있다면, 우리는 주변화된 집단 내 사람들이 과업을 주도하게 해야 하며, 변화가 어떤 모습일지 결정해야 하는 건 그들이라는 사실을 분명히 해야 한다.
3. 이것은 여러분의 이야기가 아님을 명심하자. 앨라이로서

우리는 우리가 지지하는 주변화된 집단의 일부가 된다는 것이 어떤 것인지 결코 이해할 수 없음을 기억해야 한다. 우리는 그저 그 집단 사람들에 대해 책을 읽고, 영상을 보고, 그들의 경험에 대해 들을 뿐, 그러한 삶을 직접 경험할 수는 없다.

4. 선택을 하자. 어느 집단을 지지할 것인지 여러분이 선택해야 한다. 만약 여러분이 존중받지 못한다고 느끼며, 그 때문에 특정한 집단이나 운동에 함께할 수 없다고 느낀다면, 조용히 나오자. 여러분에게 맞다고 느껴지는 메시지와 미션을 가진 집단을 찾아보도록 하자.

'A'는 에이섹슈얼의 머리글자다

때로 우리는 LGBTQA나 LGBTQA+, 혹은 LGBTQIA라는 머리글자를 본다. 'A'가 하나만 있을 경우, 그것은 '에이섹슈얼'을 뜻할까, 아니면 '앨라이'를 뜻할까? 정답은 누가 적은 것인지에 따라 다르다. 어떤 이들은 'A'는 언제나 에이섹슈얼을 뜻하며, '앨라이'는 이 머리글자에 결코 포함될 수 없다고 생각한다.

솔직히 '앨라이'가 이 머리글자에 결코 포함될 수 없다는 이야기를 들었을 때 나는 매우 당황했고, 그 말이 상당히 앨라이에게 적대적이라고 생각했다. 그러나 어떻게 된 일인지 조사를 좀 해보니 이해가 갔다. 시드니 린은 「A는 에이섹슈얼을 뜻한다: LGBTQA+ 커뮤니티에 A를 위치시키기」에서 앨라이들은 "커뮤니티의 일원이 아니라 운동의 일부"라고 했다.[1] 맞는 말이다. 앨라이의 정의는 특정한 주변화된 집단의 일원은 아니지만 그 집단 사람들의 권리를 지지하는 사람이기 때문이다.

한 가지 더 생각해볼 점은 LGBTQ+ 커뮤니티 내의 많은 이들이 아직 글자로 대표되지 못한 상태에서 A를 앨라이의 머리글자로 쓴다는 데 불만이 있을 수밖에 없다는 점이다. 만약 LGBTQA+가 레즈비언, 게이, 바이섹슈얼, 트랜스젠더, 퀴어, 앨라이, 그리고 기타 등등을 뜻하고, 내가 간성('기타 등등'의 일부)이라면, 앨라이가 가진 머리글자를 내가 못 가졌다는 데 대해 짜증이 날 것 같다.

이 주제에 관해 마지막으로 염두에 둬야 할 것은 주변화된 집단의 구성원들 대부분이 가끔은 자신들끼리만 있는 공간에서 힘을 받고 활기를 띠며, 특히 자신을 이해하지 못하는 사람들 틈에 있을 때 보다 스트레스를 덜 받는다는 점이다. 만약 'A'가 앨라이를 뜻한다면 앨라이가 환영받는 공간과 그렇지 않은 공간을 어떻게 구분할 수 있겠는가? 'A'가 하나뿐일 경우 그것은 에이섹슈얼을 뜻한다고 가정하는 것이 최선이다. 어떤 행사가 앨라이에게 열려 있는지 아닌지 불확실하다면 행사 담당자에게 연락해 물어보면 된다.

---

1 Sydney Lynn, "The A Stands for Asexuality: Putting the A in the LGBTQA+ Community," *Thought Catalog*, April 3, 2015, https://thoughtcatalog .com/sydney-lynn/2015/04/the-a-stands-for-asexuality-putting-the-a-in-lgbtqa-community/.

앨라이가 알아야 할 것들

앨라이에 대해 선을 긋는 가장 흔한 포인트들에 관해 알아둔다면 오히려 더 숙련된 앨라이가 될 수 있는 용기를 얻을 것이다. 다음은 좋은 앨라이를 만드는 원칙을 몇 가지로 요약한 것이다.

- '앨라이'라는 단어를 특권을 주는 정체성으로 여기지 않고, 자신의 올바른 행동으로 얻을 수 있는 칭찬으로 여긴다.
- 자신이 커뮤니티의 일원이라기보다는 운동의 일부라는 사실을 명심한다.
- 앨라이는 참석이 권장되지 않는, 주변화된 당사자들끼리 모이는 행사와 공간을 존중한다.
- LGBTQ+ 공간에 초대받을 경우, 그 커뮤니티 사람들의 말을 경청하고 그들의 지침에 따라 앨라이로서의 노력을 정비한다.
- 자신이 지지하고 싶고, 자신에게 잘 맞는다고 여겨지는 집단과 운동을 지지한다.
- 자신을 너그럽게 대한다. (여기에 취약하다면 13장의 제안들을 참조하라.)

받은 것을 나누기

내가 LGBTQ+ 커뮤니티의 시스젠더 이성애자 앨라이로 활동하기 시작했을 때 나는 나에 대한 사람들의 반발심을 매우 두려워했다. 여기저기서 몇 가지 사소한 '반앨라이' 사건이 있기는 했지만, LGBTQ+ 인권운동에서 두 팔 벌려 환대받은 상황이 훨씬 더 많다. 초반에 나는 마음은 굴뚝같았지만, 올바른 용어도 몰랐고 쟁점들도 몰랐다. 많은 도움이 필요했고, 감사하게도 도움을 받았다. LGBTQ+ 커뮤니티 사람들이 내 노력에 고마워하는 마음을 표현해주지 않았더라면, 내 우스꽝스러운 질문에 대답해주지 않았더라면, 그리고 내게 격려의 말을 해주지 않았더라면, 나는 우리 지역 LGBTQ+ 센터의 교육 담당자가 될 수 없었을 것이고, 이 책도 쓸 수 없었을 것이다.

기회가 될 때마다 내가 하고 싶은 것은, 그 친절과 인내심의 선물을 나누는 것이다. 신참보다 경험이 더 많은 앨라이로서든, 페미니즘의 앨라이가 되는 법을 배우려는 남성을 대하는 여성으로서든, 교육자로서의 위치에 있을 때 나는 사람들에게 '닥치고 들으라'고 주문할 수도 있지만, 노력에 감사하다고 말하고, 질문에 친절히 답변하고, 지지의 손길을 내밀 수도 있다. 나는 후자를 택한다. 여러분도 그러기를 바란다.

(13장) 지속가능성

자신을 돌보는 것은 자아도취가 아니라
자기보호이며, 그것은 정치전에서의 행동과 같다.

—오드리 로드

LGBTQ+가 되는 것은 선택이 아니지만, 앨라이가 되는 것은 선택이다. 내가 이 책을 쓰기로 마음먹은 이유 중 하나는 LGBTQ+ 커뮤니티의 앨라이가 되는 데 필요한 실용적이고 유용하며 용기를 북돋아주는 지침서가 필요하다고 생각했기 때문이다. 앨라이를 위한 워크숍이나 책에서는 주로 무엇을 해야만 하는지, 앨라이에게 기대되는 것들의 목록이 주눅들 만큼 많이 적혀 있고, 모든 것을 책임질 수 없다면 진정한 앨라이가 아니라고 하는 것만 같다. 나는 그런 워크숍과 책이 위압적이고 비현실적이라고 느꼈다. 앨라이들에게 더 참여하도록 동기부여하기보다 반대 효과를 자아내, 결코 '충분한 앨라이'가 될 수 없으며 시도조차 할 수 없게 의지를 꺾는 것이다.

운 좋게도 나는 앨라이 활동을 전업으로 바꾸어낼 수 있었지만, 현실에서 많은 이들은 그럴 수 없다. 대개는 직장이 있고, 아이와 가정, 반려동물 등 깨어 있는 대부분의 시간 동안 주의를 기울여야 할 대상이 있기 때문이다. 앨라이에게 기대되는 것들에 관해 융통성이 없고, 실수를 용납하지 않는 분위기에서 누가 다른 할 일들을 제쳐놓고 앨라이가 되겠다고 하겠는가? 삶의 많은 의무와 선택사항의 기나긴 목록에 앨라이 활동을 추가하고자 한다면, 우리는 현명하게, 지속가능한 방식으로 그것을 우리 삶에 맞게 들여놓아야 한다. 이 장은 그러기 위한 몇 가지 제안을 담고 있다.

자기 자신을 돌보기

자신을 돌보는 것은 유능한 앨라이가 되는 데 매우 중요한 일이다. 다음은 앨라이로서의 삶이 힘겨워질 때 자기 자신을 돌보는 방법에 대한 몇 가지 제안이다.

스스로 자기 편이 되자

여러분 자신의 욕구를 인지하고 그것을 진지하게 여겨야 한다. 하루 종일 워크숍을 진행한 후 내가 스스로를 돌보는 방법을 공유하겠다. 워크숍 세션 막바지에는 매우 지치고 기력이 쇠한다. 열 시간 넘게서 있었고, 참가자들의 정서적·물리적 요구 사항을 신경 쓰고 있었으며, 그 공간의 에너지를 끌어올리려 계속해서 노력했고, 워크숍에 내 마음과 영혼을 바쳤다. 참석자 평가지에 적힌 워크숍의 개선 방안에 대한 유용한 팁이, 다음 날 아침이면 커피를 마시며 '좋은 제안이군' 하며 고개를 끄덕거릴지 몰라도, 그날 밤에는 나를 울릴 수도 있다는 걸 알고 있다. 그래서 나는 평가지 파일을 그다음 날 아침에 보려고 한편으로 치워둔다. 그러고는 그날 밤은 나 자신을 돌보는데 집중한다. 지치고 기력이 쇠했을 때 자신에게 스스로 선물할 만한 것이 있는지 각자 생각해보자.

친한 친구를 대하듯 스스로를 대하자

만약 여러분이 자신의 실수에 가혹한 편이라면, 친한 친구가 같은 상황에 놓였을 때 뭐라고 말할지 생각해보자. 그리고 그 말을 스스로에게 해주자.

실패를 허락하자

최근 나는 실내 암벽등반을 하게 되었다. 떨어지지 않고 등반을 완료하는 기분은 굉장히 짜릿했다. 그러나 만약 내가 한 번도 떨어지지 않는다면 더 어려운 등반을 시도하고서 실패했을 때보다 향상도 점수는 더 천천히 오를 것임을 알고 있다. 실패와 실수는 배움과 성장에서 아주 핵심적이다. 이 점을 명심하고 스스로에게 인간으로서 실수하고 그로부터 배울 기회를 허락하자.

긍정적인 셀프코치 팁을 활용하자

불행히도 부정적인 혼잣말('아, 난 망했어!')은 아주 자연스럽게 나오지만, 긍정적인 혼잣말('괜찮아, 나도 사람인걸')은 그렇지 않다. 힘겨운 시기를 견디는 데 도움이 되는 긍정적인 셀프코치 팁 몇 가지를 생각해보자. 당신은 매우 도전적이거나 대담한 일을 해낸 적이 있는가? 다음번에 위축되는 상황에 놓일 경우 그 경험을 떠올려보는 것이다. 나는 딸과 함께 스카이다이빙을 했던 경험을 떠올리며 스스로 동기부여하곤 한다. '지니, 너 저번에 비행기에서 뛰어내리기까지 했잖아! 이런 일로 겁먹지 마.' 스트레스를 받을 때 사랑하는 사람이 해주는 말 중 당신을 진정시켜주는 말이 있다면, 힘든 상황에서 스스로에게 말해주자. 나는 폐소공포증이 있다. 최근 나는 한 시간짜리 MRI 검사를 하는 동안, 남편 에드가 한쪽 옆에서 "자기야, 괜찮아"라고 말하고 반대편에서는 가장 친한 친구 팸이 "넌 할 수 있어"라고 말해주는 상상을 하며 견뎠다.

자신을 행복하게 하는 걸 하자

출장을 가거나 해서 며칠 동안 평소의 루틴이 깨질 경우 나는 스스로를 돌보고 행복하게 하기 위해 세 가지를 한다. 잠, 운동, 채소 섭취. 여정 중에 이 가운데 하나만 하면 컨디션은 엉망이 된다. 이 중 두 가지를 하면 훨씬 낫다. 세 가지를 모두 하면 컨디션 최상이다! 여러분의 행복 레시피는 무엇인가?

잘못되지 않은 일들을 기억하자

치통을 앓아봤다면 그것이 지나간 직후의 위안이 얼마나 커다란 안도감인지 알 것이다. 그런데 일상에서 우리는 위안의 진가를 알아보고 있는가? 『모든 발걸음마다 평화』에서 세계적 선승이자 영적 지도자인 틱낫한은 모든 순간 무엇이 잘못되지 않았는지 생각하는 시간의 중요성을 말한다. "우리는 종종 '무엇이 잘못됐는가?'라고 묻습니다. 그럼으로써 고통스러운 슬픔의 씨앗이 싹트고 분명히 드러납니다. 우리는 고통, 분노, 우울감을 느끼고, 그 씨앗을 더 많이 심습니다. 우리 안에, 그리고 우리 주변에 있는 건강하고 유쾌한 씨앗들과 잘 지내는 편이 훨씬 행복할 것입니다. 우리는 '무엇이 잘못되지 않았나?'를 질문하고 그것과 관계 맺어야 합니다."[1]

삶이 힘들 때, 나는 무엇이 잘못되지 않았는지 떠올려본다.

> 잘못된 것: 내 차가 고장 났고 나는 미팅에 늦었다. 젠장!
> 잘못되지 않은 것: 나는 건강하다! 내 가족도 건강하다! 차 고치는 데 드는 비용은 내게 그렇게 큰 부담이 아니다! 해가 떴다! 내 가방엔 에너지바가 있다!

힘든 시기이더라도 여러분은 삶에서 잘못되지 않은 것들이 훨씬 더 많다는 사실을 알게 될 것이다.

---

1 Thích Nhất Hạnh, *Peace Is Every Step: The Path of Mindfulness in Everyday Life* (New York: Bantam Books, 1991), 77.

스스로의 속도를 조절하기

능력 있는 앨라이가 되고 그걸 오랫동안 지속하려면 무엇이 자신에게 맞고, 무엇에 관심이 있는지, 무엇을 할 수 있고 무엇은 할 수 없는지, 무엇이 합리적으로 자신의 일정과 라이프스타일에 맞는지 알아야 한다. 에드와 나는 거의 매일 운동하는 데는 무리가 없지만, 그것을 가능하게 하는 전략에서는 서로 차이가 크다. 에드는 장비와 데이터로 동기부여를 받는다. 그는 자신의 '스마트 트레이너'인 가민 워치를 사용하고, 즈위프트와 스트라바 앱을 활용한다. 그는 심박수와 소모 칼로리, 속도, 분당 페달 회전 속도 등을 체크한다. 나는 음악을 들으며 거리를 터벅터벅 걷거나 실내 자전거를 타면서 영화를 본다. 나는 내 속도가 어떠한지, 소모한 칼로리는 얼마큼인지, 어제보다 기록이 나아졌는지 등은 신경 쓸 필요도 없다고 생각한다. 만약 내가 CPM, MPH, RPM 같은 수치 데이터를 체크했더라면 나는 운동 자체를 할 수 없었을 것이다. 그럴 바엔 그냥 소파에 누워 〈스타 트렉: 넥스트 제너레이션〉이나 다시 보련다.

　나는 앨라이로서 나의 강점과 관심사에 대해서도 알게 되었다. 나는 사람들과 존중에 기반한 대화를 하는 것을 매우 좋아한다. 나는 각 개인들이 타인의 평가에 대한 두려움 없이 서로를 드러낼 수 있는 공간 조성하기를 매우 좋아한다. 나는 정치인들에게 말하는 것을 싫어한다. 정말로 싫어한다. LGBTQ+ 센터에서 일하고 자원 활동을 하는 동안 나는 주 의사당에서 열리는 청원 행사에 딱 한 번 참석했다. 그렇다고 내가 나쁜 앨라이일까? 그렇게 생각하지는 않는다. 나는 내가 하는 다른 활동들이 내가 빼먹은 일들을 상쇄할 것이라고 생각한다.

나는 각자의 안전 지대를 기필코 고수하는 걸 옹호하지는 않으며, 새로운 시도를 하고 도전하기를 좋아한다. 하지만 내 요점은 우리가 모든 걸 다 할 수는 없으며, 그러기를 강요당해서도 안 된다는 것이다. 그런 기대는 현실적이지도 지속가능하지도 않다. 극한의 단기 다이어트는 효과가 없다. 건강한 식사로 하는 생활의 작은 실천적 변화는 효과가 있다. 좋아하는 것, 개성에 맞는 것, 장기적으로 할 수 있는 것을 할 자유를 스스로에게 주자.

배움을 지속하기

숙련된 앨라이가 되기 위한 아주 중요한 요건은 LGBTQ+ 언어와 화제의 최신 동향을 숙지하고 있는 것이다. 그렇다고 모든 어휘와 정체성에 대해 알아야 한다는 것은 아니지만, 우리는 우리가 지지하는 커뮤니티 내에서 무슨 일이 일어나고 있는지 관심을 기울여야 한다. 압도되지 않으면서도 관심을 갖는 방법으로 나는 한 번에 단어나 주제를 하나씩 다루는 것을 추천한다. 만약 내게 익숙하지 않은 어떤 쟁점이나 정체성에 대해 한두 번 이상 듣게 된다면 스스로 찾아보고 공부하는 것이다. 예컨대 나는 '에이섹슈얼'에 대한 사전적 정의를 알고 있지만, 이 정체성이나 이들 집단에 대해 별로 아는 것이 없었다. 그래서 스스로 공부할 때라고 생각했다. 책을 읽었고, 영상을 찾아봤으며, 〈(에이)섹슈얼〉이라는 다큐멘터리 영화를 보았다.[1] 나는 많은 것을 배웠고, 성적 끌림과 낭만적 끌림의 차이를 이해하는 데 큰 도움을 받았다. 나는 더욱 능숙하게 존중과 지식에 기반해 에이섹슈얼 커뮤니티에 관한 질문에 대답할 수 있게 되었다.

책, 블로그, 영상, 영화를 보는 것 외에도 워크숍이나 컨퍼런스 같은 행사에 참석해 앨라이로서 성장할 수 있다. 미국에서 가장 크고 유명한 LGBTQ+ 컨퍼런스는 전미LGBTQ+태스크포스가 주관하는 "변화 만들기Creating Change"이다. 이 행사는 매년 1월이나 2월에 매번 다른 도시에서 열린다. 이 행사는 방대한 범위에 걸쳐 가치 있는 워크숍을 열 뿐 아니라, 5일간 행사 장소 자체가 퀴어들의 천국이 된다. 호텔 직원들은 자신의 대명사를 밝히는 명찰을 달고 돌아다니고, 사람들은 자신을 예컨대 "안녕하세요! 저는 지니이고, 그녀를 대명사로 써요"라고 소개하며, 화장실은 전부 모든 젠더를 위한 화장실로 구비되어 있다. 이런 행사에 참여하는 건 매우 멋진 경험이고, 참석자들은 최신 동향을 잘 파악하게 된다.

1 Katy Chevigny, Beth Davenport, and Jolene Pinder (producers) and Angela Tucker (director), *(A)sexual* (New York: FilmBuff, 2012), DVD.

'왜?'라는 질문으로 자주 돌아오기

11장에서 나는 내가 8년 동안 우리 단체의 자전거 대회 모금 행사의 기획자였다고 말했다. 어느 해에 자전거 주자들을 독려해 모금을 시작하려 할 때 나는 "내가 자전거를 타는 이유" 캠페인을 병행했다. 나는 주자들에게 자신이 자전거를 타는 이유를 적어 들고 사진을 찍어 SNS에 올리고 모금용 메일에 첨부해달라고 부탁했다. 그 결과는 매우 열정적이고 감동적이며 효과적이었다.

2016년 자전거 대회 모금 행사 6일 전, 올랜도의 게이 클럽 '펄스'에서 총기 난사 사건이 있었다. 53명이 부상을 당했고, 49명이 살해되었다. 이 사건은 LGBTQ+ 커뮤니티에 자행된 끔찍한 공격이다.

매년 나는 대회 하루 전에 자전거 주자들에게 동기부여하기 위해 짧은 발언을 하곤 한다. 그해에는 마음이 매우 무거웠고, 발언을 하기가 무척 힘들었다. 무슨 말을 해야 할지 몰랐다. 며칠을 고통스러워하다가, 결국 주자들의 '내가 자전거를 타는 이유' 메시지들이 나를 북돋아주었다. 그해에 나는 내 발언 대신에 그 아름다운 메시지들을 읽었다.

2016년 6월 그들이 자전거를 타는 이유로 꼽은 몇 가지를 여기에 실어본다.

조: 내 조카가 어떤 이를 사랑하는지, 자신을 어떻게
　　정체화하는지를 이유로 차별받는 세상에서 살게 하고 싶지

않아서 자전거를 탑니다.

데비: 나는 건강을 위해 자전거를 탑니다. 나 자신이 누구인지를
숨기는 건 건강하지 않으니까요.

팸: 나는 진실을 위해 자전거를 탑니다. 진정한 자기 자신이
드러나는 걸 두려워하는 기분이 어떤지 상상할 수가 없네요.
그런 두려움이 근거 없어질 때까지 저는 자전거를 탈 겁니다.

크레이그: 내가 자전거를 타는 이유는, 평등은 우리 모두를
의미하기 때문입니다.

아나스타샤: 우리의 유일한 세상인 이곳이 모두에게 안전한
공간이기를 바라는 마음에서 자전거를 탑니다.
#모두를사랑합니다 #여자도여자와결혼합니다
#회복하기 #FCKH8¹

로널드: LGBT 청년들과 노인들 모두 여전히 부당한 대우를 받고
있기 때문에 자전거를 탑니다.

로언: 나는 다시는 자전거를 탈 수 없는 이들을 기리며 자전거를
탑니다. 살아 있는 이들을 위해 죽도록 싸운 이들을
기억합시다.

마야: 사랑과 평등이 행복의 기반이기 때문에 나는 자전거를
탑니다.

도입부에 나는 이 책이 앨라이가 되는 방법에 관한 책이지, 앨라

---

1 [옮긴이] FCKH8은 동성애자 인권 등 사회정의를 주제로 하는 티셔츠 등 액세서리를 판매하는 기업이다.

이가 되어야 하는 이유에 관한 책이 아니라고 말했다. 그렇지만 한 번씩 멈춰서 여러분이 왜 이 일을 하는지 생각해보기를 바란다. 다른 앨라이들과 함께 무엇이 우리를 동기부여하는지 이야기해보자. 그것은 강력하고, 회복력을 높여주며, 필요한 작업이다.

> 지니: 나중에 내 손주가 할머니도 LGBTQ+ 인권을 위한 투쟁에 참여했냐고 물으면 "당연하지!"라고 대답하기 위해서 자전거를 탑니다.

즐거운 라이딩 되시기를.

용어 설명

문화적 용어와 정체성 단어는 사용자에 따라 다른 의미를 지닐 수 있다. 시간이 흐르면서 쓰임이 바뀌기도 한다. 이 용어 설명은 기본적인 참고 자료로서만 사용되어야 한다. 이것으로 타인에게 꼬리표를 붙여선 안 된다. 주의 깊게 활용하시길!

간성intersex: 염색체 그리고/혹은 생물학적 성징(성기, 재생산 기관, 호르몬 등)이 전형적이지 않은 이를 지칭한다.

게이gay: 같은 젠더의 사람들에게만 성적으로 끌리는 이. 전통적으로는 남성에 대해 사용되어온 용어이지만, 영어권에서 지금은 여성에 대해서도 널리 사용된다.

교차성intersectionality: 개인의 여러 정체성들(성적 지향, 젠더, 인종, 민족, 장애 여부, 사회경제적 지위, 이민 여부, 사용 언어, 신체 크기, 종교 등)이 복잡하고 중층적으로 결합해 경험과 상호작용을 빚어내는 방식. 이런 중층적인 정체성과 관련한 편견과 차별은 각각의 개별적 정체성 집단의 사람들이 경험하는 편견 및 차별과는 또 다른, 독특한 특성을 갖는다.

낭만적 지향romantic orientation: 개인의 정체성 중 누구에게 낭만적으로 끌리는지를 설명해주는 것. '애정적 지향'이라고도 한다.

논바이너리nonbinary: 젠더 정체성이 남성도 여성도 아닌 이를 지칭한다. 에이젠더, 젠더 익스팬시브, 젠더 플루이드, 젠더퀴어, 두 영혼 등 여러 정체성을 포함하는 포괄적 용어로 사용될 수도 있다.

동성애혐오homophobia: 게이 혹은 레즈비언이거나 그렇다고 여겨지는 이들을 향한 공포, 불관용, 증오.

두 영혼 Two-Spirit: 1990년 북아메리카 선주민들이 LGBTQ+ 정체성 용어로 사용한, 혹은 남성과 여성 모두의 영혼 그리고/혹은 제3의 젠더의 영혼을 가진 이들을 묘사하기 위해 사용한 현대 용어. 북아메리카 선주민들 일부에게는 받아들여지고 있고 일부에게는 거부되고 있다. 공동체나 부족에 따라 다른 정의를 가질 수도 있다.

드랙 퀸drag queen: 여성처럼 보이기 위해 여성의 옷을 입고 가발 등 여성의 분장을 하고 연기하며 즐거움을 주는 이.

드랙 킹drag king: 남성처럼 보이기 위해 남성의 옷을 입고 수염 등 남성의 분장을 하고 연기하며 즐거움을 주는 이.

레즈비언lesbian: 여성에게만 성적으로 끌리는 여성을 지칭한다.

미묘한 차별microaggression: 주변화된 집단을 향해 흔하게 자행되는, 상처 입히고, 모욕 주고, 비하하는 발언이나 행동. 그 발언은 모욕하려는 의도일 수도 있고 그런 의도는 아닐 수도 있다.

바이로맨틱biromantic: 남성과 여성 모두, 혹은 둘 이상의 젠더에 낭만적 끌림을 가진 이를 지칭한다.

바이포비아*biphobia*: 바이섹슈얼이거나 팬섹슈얼, 혹은 그렇다고
여겨지는 이들을 향한 공포, 불관용, 증오.

생물학적 성*biological sex*: 성기, 염색체, 호르몬 등 개인의 재생산 체계와
2차 성징에 관한 것을 지칭한다.

성적 지향*sexual orientation*: 개인의 정체성 중 누구에게 성적으로
끌리는지를 설명해주는 것.

시스규범성*cisnormativity*: 모든 사람이 시스젠더라거나 시스젠더인 것이
'정상'이라는 가정.

시스젠더*cisgender*: 젠더 정체성이 출생 시 지정받은 성별과 일치하는
이, 즉 트랜스젠더가 아닌 이를 지칭한다.

애정적 지향*affectional orientation*: 개인의 정체성 중에서 그가 누구에게
낭만적으로 끌리는지를 설명하는 개념. '낭만적 지향'이라고도 한다.

앨라이*ally*: 특정한 소수자 집단의 일원은 아니지만 그 집단 사람들의
권리를 옹호하고 지지하는 이.

에이로맨틱*aromantic*: 낭만적 끌림을 적게 가지고 있거나 아예 가지고
있지 않은 이를 지칭한다.

에이섹슈얼*asexual*: 성적 끌림을 적게 가지고 있거나 아예 가지고 있지
않은 이를 지칭한다.

에이젠더*agender*: 젠더를 갖고 있지 않은 이를 지칭한다.

이분법*binary*: 두 가지 선택지에 관한 것. 자신의 젠더를 남성 혹은
여성으로 정체화하는 이들은 젠더 이분법에 들어맞는다.

이성애규범성_heteronormativity_: 모든 사람이 이성애자라거나 이성애자인 것이 '정상'이라는 가정.

이성애자_straight_: 여성에게만 성적으로 끌리는 남성, 혹은 남성에게만 성적으로 끌리는 여성을 지칭한다. '헤테로섹슈얼'이라고도 한다.

자웅동체_hermaphrodite_: 전형적이지 않는 성기를 타고난 이를 지칭하는 구식·비하적 용어. 정의상 더 넓은 의미인 '간성'이 더 존중에 기반한 표현이다.

젠더 규제_gender policing_: 이분법적 젠더 역할과 기대를 사회적으로 강요하는 것.

젠더 비순응_gender nonconforming_: 젠더 표현 그리고/혹은 젠더 정체성이 사회의 이분법적 기대에 들어맞지 않는 이를 지칭한다. 어떤 이들은 '젠더 익스팬시브'라는 용어를 선호한다.

젠더 오인_misgender_: 누군가를 지칭할 때 잘못된 젠더 용어를 사용하는 것.

젠더 익스팬시브_gender expansive_: 젠더 표현 그리고/혹은 젠더 정체성이 사회의 이분법적 기대에 들어맞지 않는 이를 지칭한다. 어떤 이들은 '젠더 비순응'이라는 용어를 선호한다.

젠더 정체성_gender identity_: 자신의 젠더에 대한 감각. 일반적으로 '남성', '여성', '논바이너리' 등으로 정체화되곤 한다.

젠더 표현_gender expression_: 옷차림, 헤어스타일, 관심사, 몸가짐, 행동 등으로 자신의 젠더를 외부 세계에 표현하는 방식. 일반적으로 '남성적', '여성적', '중성적'으로 나뉜다.

젠더 플루이드_gender fluid_: 젠더 정체성이 주기적으로 변동성을 가지는 이를 지칭한다.

젠더퀴어_genderqueer_: 젠더 정체성이 남성도 여성도 아닌 이를
지칭한다.

중성적_androgynous_: 여성적이지도 남성적이지도 않은 젠더 표현. 종종
남성성과 여성성의 혼합으로 정의되기도 한다.

친밀한 행위_intimate behaviors_: 성적인 그리고/혹은 낭만적인 활동들.

퀘스처닝_questioning_: 자신의 지향 그리고/혹은 젠더 정체성이
현재로서는 불확실하거나 탐구 중인 이를 지칭한다.

퀴어_queer_: 오욕으로부터 되찾은 용어로, 이 용어를 좋아하는 이도
있고 싫어하는 이도 있다. 이성애자가 아니거나 시스젠더가 아닌
모든 지향을 정의할 수 있다.

크로스드레서_cross-dresser_: 편의, 즐거움, 그리고/혹은 자기표현을
이유로 사회적으로 자신의 젠더에 부적합하다고 여겨지는 옷을
입는 이.

트랜스 남성_trans man_: 출생 시 여자로 지정되었으나, 젠더 정체성이
남자인 이를 지칭한다.

트랜스 여성_trans woman_: 출생 시 지정받은 성별은 남자지만, 젠더
정체성이 여자인 이를 지칭한다.

트랜스베스타이트_transvestite_: 사회적으로 자신의 젠더에 부적절하다고
여겨지는 옷차림을 즐기는 이를 지칭한다. '크로스드레서'가 더
존중에 기반한 용어다.

트랜스섹슈얼_transsexual_: 출생 시 지정받은 성별에서 트랜지션하여

자신의 신체와 젠더 정체성을 일치하도록 하기 위해 의료적 그리고/
혹은 외과적 조치를 받는 이를 지칭하는 구식 용어. '트랜스젠더'와
'트랜스'라는 새로운 용어가 의료적·외과적 트랜지션 여부와
상관없이 더 널리 사용된다.

트랜스젠더transgender: 출생 시 지정받은 성별이 자신의 젠더 정체성과
일치하지 않는 이를 지칭한다. 젠더퀴어, 논바이너리, 트랜스 남성,
트랜스 여성 등 많은 정체성을 포함하는 포괄적 용어로 사용될 수도
있다.

트랜스포비아transphobia: 트랜스젠더이거나 그렇다고 여겨지는 이들을
향한 공포, 불관용, 증오.

트랜지션transition: 하나의 상태에서 다른 상태로 변화하는 것. 종종
트랜스젠더가 자신의 신체와 젠더 정체성을 일치하도록 하기 위해
밟는 과정을 지칭한다.

팬로맨틱panromantic: 상대방의 젠더에 상관없이 낭만적으로 끌릴 수
있는 이를 지칭한다.

팬섹슈얼pansexual: 상대방의 젠더에 상관없이 성적으로 끌릴 수 있는
이를 지칭한다.

폴리아모리polyamorous: 관계된 이들 모두의 이해와 동의하에, 한 번에
둘 이상의 성적 그리고/혹은 낭만적 관계를 맺는 이를 지칭한다.

헤테로로맨틱heteroromantic: 여성에게만 낭만적으로 끌리는 남성, 혹은
남성에게만 낭만적으로 끌리는 여성을 지칭한다.

헤테로섹슈얼heterosexual: 여성에게만 성적으로 끌리는 남성, 혹은

남성에게만 성적으로 끌리는 여성을 지칭한다.

호모로맨틱_homoromantic_: 같은 젠더의 사람들에게만 낭만적으로

끌리는 이를 지칭한다.

호모섹슈얼_homosexual_: 같은 젠더의 사람들에게만 성적으로 끌리는

이를 지칭하는 구식 용어. '게이', '레즈비언'이 더 존중에 기반한

용어다.

LGBTQ+: 모든 성적 소수자와 젠더 소수자를 포괄하기 위해 만들어진

여러 두문자어 중 하나. 레즈비언, 게이, 바이섹슈얼, 트랜스젠더,

퀴어, 그리고/혹은 퀘스처닝, 그리고 그 밖의 많은 정체성을 뜻한다.

MSM: '남성과 섹스를 하는 남성_men who have sex with men_'의 약자.

스스로를 '게이'나 '바이섹슈얼' 혹은 '팬섹슈얼'로 정체화하지는

않지만 남성과 성적 행동을 하는 남성에게 적절한 의료 서비스를

제공하기 위해 고안된 용어.

SGL: 'same-gender loving'의 약자로, 일부 유색인 집단에서 같은

젠더의 사람들에게 끌리는 이를 지칭하기 위해 사용하는 용어.

AAA Project Visibility. *Project Visibility*. Boulder, CO: Boulder County Area Agency on Aging, 2004. DVD.

Amnesty International. "Safety during Protest" [flyer]. https://www. amnestyusa .org/pdfs/SafeyDuringProtest_F.pdf.

Arana, Gabriel. "The Truth about Gay Men and Pedophilia." *INTO*, November 16, 2017. https://www.intomore.com/impact/The-Truth-About-Gay-Men-and-Pedophilia.

Ayvazian, Andrea. "Creating Conversations: Becoming a White Ally." Filmed at Greenfield Community College, Greenfield, MA, November 23, 2010. https://www.youtube.com/watch?v=yXZPHc6MkLI.

Beckham, Ash. "I am SO GAY." Speech given at Ignite Boulder, Boulder, CO, March 2, 2013. http://www.ignitetalks.io/videos/i-am-so-gay.

Bird, Jackson. "How to Talk (and Listen) to Transgender People." TED, June 2017. https://www.ted.com/talks/jackson_bird_how_to_talk_and_listen_to_transgender_people?language=en#t-15186.

Bornstein, Kate. *Gender Outlaw*. New York: Vintage Books, 1995.

Cass, Vivienne. "Homosexual Identity Formation: A Theoretical Model." *Journal of Homosexuality* 4, no. 3 (spring 1979): 219-35. https://www.ncbi.nlm.nih.gov/pubmed/264126.

Chevigny, Katy, Beth Davenport, and Jolene Pinder (producers) and Angela Tucker (director). *(A)sexual*. New York: FilmBuff, 2012. DVD.

274

Clarey, Christopher. "Gender Test after a Gold-Medal Finish." *New York Times*, August 19, 2009. https://www.nytimes.com/2009/08/20/sports/20runner.html.

Clark, Dorie. "North Carolina's Bathroom Bill Repeal Won't Bring the NCAA Back." *Fortune*, March 30, 2017. http://fortune.com/2017/03/30/north-carolina-bathroom-bill-hb2-hb142-repeal-ncaa-lgbt/.

CNBC. "'Bathroom Bill' to Cost North Carolina $3.76 Billion." March, 27, 2017. https://www.cnbc.com/2017/03/27/bathroom-bill-to-cost-north-carolina-376-billion.html.

Colapinto, John. *As Nature Made Him: The Boy Who Was Raised as a Girl.* New York: HarperCollins, 2000.

Crenshaw, Kimberlé. "The Urgency of Intersectionality." Speech given at TEDWomen 2016, December 7, 2016. https://www.ted.com/talks/kimberle_crenshaw_the_urgency_of_intersectionality?language=en.

Fearing, Scott. *Successful GLBT Education: A Manual.* Minneapolis: OutFront Minnesota, 1996.

Fox, Catherine O., and Tracy E. Ore. "(Un) Covering Normalized Gender and Race Subjectivities in LGBT 'Safe Spaces'." *Feminist Studies* 36, no. 3 (fall 2010): 629–49.

Hanna, Jason, Madison Park, and Eliott C. McLaughlin. "North Carolina Repeals 'Bathroom Bill'." CNN Politics, March 30, 2017. https://www.cnn.com/2017/03/30/politics/north-carolina-hb2-agreement/index .html.

Hasenbush, Amira. "What Does Research Suggest about Transgender Restroom Policies?" *Education Week*, June 8, 2016. https://www.edweek.org/ew/articles/2016/06/08/what-does-research-suggest-about-transgender-restroom.html.

Herek, Gregory M. "Facts about Homosexuality and Child Molestation." Sexual Orientation: Science, Education, and Policy. https://psychology.ucdavis.edu/rainbow/html/facts_molestation .html.

Hida. "How Common Is Intersex? An Explanation of the Stats." Intersex Campaign for Equality, April 1, 2015. https://www.intersexequality.com/

how-common-is-intersex-in-humans/.

Human Rights Campaign (HRC). Corporate Equality Index 2019. Last updated April 4, 2019. https://assets2.hrc.org/files/assets/resources/CEI-2019-FullReport.pdf?_ga=2.72494480.2003376306.1571331256-1109047636.1571331256.

———. "The Lies and Dangers of Efforts to Change Sexual Orientation or Gender Identity." https://www.hrc.org/resources/the-lies-and-dangers-of-reparative-therapy.

———. "State Maps of Laws & Policies." https://www.hrc.org/state-maps/.

———. "Violence against the Transgender Community in 2018." https://www.hrc.org/resources/violence-against-the-transgender-community-in-2018.

———. "A Workplace Divided: Understanding the Climate for LGBTQ Workers Nationwide." https://assets2.hrc.org/files/assets/resources/AWorkplaceDivided-2018.pdf?_ga=2.74196113.2003376306.1571331256-1109047636.1571331256.

———. "Workplace Gender Transition Guidelines." https://www.hrc.org/resources/workplace-gender-transition-guidelines.

James, S. E., J. L. Herman, S. Rankin, et al. *The Report of the 2015 U.S. Transgender Survey.* Washington, DC: National Center for Transgender Equality, 2016. https://transequality.org/sites/default/files/docs/usts/USTS-Full-Report-Dec17.pdf.

The Joint Commission. *Advancing Effective Communication, Cultural Competence, and Patient- and Family-Centered Care for the Lesbian, Gay, Bisexual, and Transgender (LGBT) Community: A Field Guide.* Oak Brook, IL: Joint Commission, 2011. https://www.jointcommission.org/assets/1/18/LGBTFieldGuide.pdf.

Kann, Laura, Emily O'Malley Olsen, Tim McManus, et al. "Sexual Identity, Sex of Sexual Contacts, and Health-Related Behaviors among Students in Grades 9–12—United States and Selected Sites, 2015." *Center for Disease Control and Prevention Morbidity and Mortality Weekly Report,*

Surveillance Summaries 65, no. 9 (August 12, 2016): 1–208. https://www. cdc.gov/mmwr/volumes/65/ss/pdfs/ss6509.pdf.

Keir, John (producer), and Grant Lahood (director). *Intersexion: Gender Ambiguity Unveiled*. Kilbirnie, Wellington, New Zealand: Ponsonby Production Limited, 2012.DVD.

Kellaway, Mitch. "Trans Folks Respond to 'Bathroom Bills' with #WeJustNeedToPee Selfies." *Advocate*, March 14, 2015. https://www. advocate.com/politics/transgender/2015/03/14/trans-folks-respond-bathroom-bills-wejustneedtopee-selfies.

Keneally, Thomas. *Schindler's List*. New York: Simon & Schuster, 1982.

Khazan, Olga. "Milo Yiannopoulos and the Myth of the Gay Pedophile." *Atlantic*, February 21, 2017. https://www.theatlantic .com/health/archive/2017/02/milo-yiannopoulos-and-the-myth-of-the-gay-pedophile/517332/.

Killermann, Sam. *A Guide to Gender: The Social Justice Advocate's Handbook*. Revised and updated edition. Austin, TX: Impetus Books, 2017.

———. "Printable All-Gender Restroom Sign." A Guide to Gender. http://www.guidetogender.com/toilet/.

Kreps, Daniel. "Bruce Springsteen Cancels North Carolina Gig to Protest 'Bathroom Bill'." *Rolling Stone*, April 8, 2016. https://www.rollingstone. com/music/music-news/bruce-springsteen-cancels-north-carolina-gig-to-protest-bathroom-bill-227635/.

Lynn, Sydney. "The A Stands for Asexuality: Putting the A in the LGBTQA+ Community." *Thought Catalog*, April 3, 2015. https://thoughtcatalog .com/sydney-lynn/2015/04/the-a-stands-for-asexuality-putting-the-a-in-lgbtqa-community/.

Manji, Irshad. *Don't Label Me: An Incredible Conversation for Divided Times*. New York: St. Martin's Press, 2019.

McKenzie, Mia. *Black Girl Dangerous: On Race, Queerness, Class and Gender*. Oakland, CA: BGD Press, 2014.

Michelson, Noah. "More Americans Claim to Have Seen a Ghost Than Have Met a Trans Person." *HuffPost*, December 21, 2015. https://www.huffpost.com/entry/more-americans-claim-to-have-seen-a-ghost-than-have-met-a-trans-person_n_5677fee5e4b014efe0d5ed62.

Moreau, Julie. "No Link between Trans-Inclusive Policies and Bathroom Safety, Study Finds." *NBC News*, September 19, 2018. https://www.nbcnews.com/feature/nbc-out/no-link-between-trans-inclusive-policies-bathroom-safety-study-finds-n911106.

Myers, Alex. "Why We Need More Queer Identity Labels, Not Fewer." *Slate*, January 16, 2018. https://slate .com/human-interest/2018/01/lgbtq-people-need-more-labels-not-fewer.html.

National LGBT Health Education Center. *Focus on Forms and Policy: Creating an Inclusive Environment for LGBT Patients*. https://www.lgbthealtheducation.org/wp-content/uploads/2017/08/Forms-and-Policy-Brief.pdf.

Nhất Hạnh, Thích. *Peace Is Every Step: The Path of Mindfulness in Everyday Life*. New York: Bantam Books, 1991.

"Orange Is the New Black's Wonder Woman Laverne Cox on Being a Transgender Trailblazer." *RadioTimes*, July 26, 2015. https://www.radiotimes.com/news/2015-07-26/orange-is-the-new-blacks-wonder-woman-laverne-cox-on-being-a-transgender-trailblazer/.

Out Alliance. "Being Respectful to LGBTQ+ People." Training handout.

———. "Is My Child LGBTQ+?" Training handout.

———. "Tips for Respectful Communication in the Face of Resistance." Training handout.

Owens-Reid, Dannielle, and Russo, Kristin. *This Is a Book for Parents of Gay Kids*. San Francisco: Chronicle Books, 2014.

Palmer, Amanda. "The Art of Asking." Speech given at TED2013 in February 2013. https://www.ted.com/talks/amanda_palmer_the_art_of_asking?language=en.

———. *The Art of Asking: Or How I Learned to Stop Worrying and Let*

People Help. New York: Grand Central, 2014.

Patterson, Don. "40 Keys to Volleyball Greatness." *VolleyballUSA* (summer 2014): 38–41.

PFLAG. "Advocacy One-Pagers." https://pflag .org/resource/advocacy-one-pagers.

Reynolds, Vikki. "Fluid and Imperfect Ally Positioning: Some Gifts of Queer Theory." *Context*, October 2010, 13–17. https://www.suu.edu/allies/pdf/reynolds.pdf.

Sadowski, Michael. *Safe Is Not Enough: Better Schools for LGBTQ Students.* Cambridge, MA: Harvard Education Press, 2016.

Shively, Michael G., and John P. DeCecco. "Components of Sexual Identity." *Journal of Homosexuality* 3, no. 1 (1977): 41–48. https://www.tandfonline.com/doi/abs/10.1300/J082v03n01_04.

Tackenberg, Rich (director). *Coming Out Party.* Studio City, CA: Ariztical Entertainment, 2003. DVD.

Tatum, Beverly Daniel. *Why Are All the Black Kids Sitting Together in the Cafeteria?* Revised and updated edition. New York: Basic Books, 2017.

Utt, Jamie. "So You Call Yourself an Ally: 10 Things All 'Allies' Need to Know." *Everyday Feminism*, November 8, 2013. https://everydayfeminism.com/2013/11/things-allies-need-to-know/.

Ward, Geoffrey C., and Ken Burns. *Not for Ourselves Alone.* New York: Alfred A. Knopf, 1999.

Wikipedia. "LGBT Rights by Country or Territory." Last edited June 2, 2019. https://en.wikipedia.org/wiki/LGBT_rights_by_country_or_territory.

———. "Microaggression." Last edited May 28, 2019. https://en.wikipedia.org/wiki/Microaggression.

감사의 말

여러 사람들의 지지와 지식, 시간, 관대함이 없었다면 이 책은 나올 수 없었을 것이다. 무한한 감사 인사를 올린다.

에드 프리드먼은 내 모든 모험에 용기를 북돋워주었고, 이 모든 걸 시작하게 한 책을 선물해주었다.

줄리 게인스버그는 이 원고를 편집하는 데 수많은 시간을 투여해주었고, 내게 필요한 많은 것을 지원해주었다.

헤이든 프리드먼은 내 온갖 목소리를 들어주었고, 진정 포용력 있는 다양성 대화가 어떤 건지 보여주었다.

베카 게인스버그는 내가 더 높은 곳을 바라보게 해주었고, 나를 웃게 만들었다.

비키와 로이 게인스버그는 평등을 체득할 수 있는 환경에서 나를 길러주셨다.

팸 폴라셴스키는 강력한 행동이 어떤 건지 내게 보여주었다.

스콧 피어링은 이 책의 핵심과도 맞닿아 있는 '선의를 가정하라'

라는 철학을 알려주었고, 내가 떠들썩하고 자부심 넘치는 앨라이로 커밍아웃할 수 있도록 안전한 공간을 마련해주었다.

노아 웨고너는 사회정의와 관련한 상담을 언제나 받아주었고, 온 세상에 대해 앨라이가 되어주고 있다.

로우먼 앤드 리틀필드 출판사의 훌륭한 분들: 마크 커, 코트니 패커드, 제시카 매클리어리, 케린 출락, 메건 프렌치.

개인적으로 원고를 읽어주고, 고쳐주고, 조언해준 분들: 팀 애크로이드, 스티브 브로스니핸, 줄리 뷰캐넌, 우나 폭스, 토비아 프리드먼, 앨리스 글리너트, 시모나 고얼릭, 크리스토퍼 헤널리, 크리스 힌슬리, 엘리자베스 올슨, 아나스타샤 폴라셴스키, 탤리스 폴라셴스키, 월터 폴라셴스키, 베브 몬딜로 라이트, 스티브 라이트.

개인적인 이야기, 통찰, 경험을 공유해주어 이 책에 생기를 불어넣어준 모든 분들: 제이슨 밸러드, 샘 카피엘로, 로언 콜린스, 모어 들레이니, 조 도티, 대니얼 폭스, 토드 고든, 게이브리엘 허모사, 션 존스턴, 마이크 켈리, 맷 크루거, 에리던 메이더, 완다 마티네즈존콕스, 로어 맥스패든, 케이든 일라이 밀러, 디 머리, 매누얼 페냐, 마야 폴라셴스키, 로널드 프랫, 크레이그 로널드, 글로리아 롱가, 수전 루빈, 맷 태편, 데버러 트러배치, 조너선 웨더비, 오언 재커리아스, 세라 재커리아스.

마지막으로, 대명사도 멋대로 부르고, 더 많이 품어주지 못한 고양이 칼로스에게 미안하고 감사하다.

찾아보기

찾아보기

286

성소수자 지지자를 위한
동료 시민 안내서

초판 1쇄 발행 ◦ 2022년 5월 2일

지은이 ◦ 지니 게인스버그
옮긴이 ◦ 허원
펴낸이 ◦ 조미현

책임편집 ◦ 정예인
디자인 ◦ 윤설란

펴낸곳 ◦ (주)현암사
등록 ◦ 1951년 12월 24일·제10-126호
주소 ◦ 04029 서울시 마포구 동교로12안길 35
전화 ◦ 02-365-5051
팩스 ◦ 02-313-2729
전자우편 ◦ editor@hyeonamsa.com
홈페이지 ◦ www.hyeonamsa.com

ISBN ◦ 978-89-323-2209-4 03330